部活で差がつく！勝つバドミントン 最強のコツ50 新版

埼玉栄中学・高等学校バドミントン部監督
名倉康弘 監修

メイツ出版

はじめに

バドミントンは、多くの人に親しまれているスポーツです。手軽に始めることができ、広場さえあればどこでもプレイできます。

しかし、トップクラスとなると高度なテクニックとスピードが求められる厳しい世界。両極端な一面を持ったスポーツでもあります。

今回の本は、「部活動」に焦点をあてて作成しました。私自身、長年、部活動としてのバドミントンに携わっており、未熟ながらも、その楽しさも難しさも理解しているつもりでおります。

生徒たちにとっての部活動は、ただ単にスポーツをするというだけにとどまらず、学校生活の重要な部分を占める時間でもあります。その大切な時間を指導者として、最善を尽くしてきたつもりでおります。

全国の学校を見渡せば、部員数が少なく悩んでいる部もあれば、逆に多すぎてコートが足りないことが悩みの学校もあり、また、指導者がバドミントンの初心者でどう教えていいのかわからないこともおありでしょう。

どんなに練習を積んで頑張っていても、地区予選１回戦敗退を繰り返し、強くなろうと必死の努力を重ねている部もあるかと思います。

そうした全国各地の部、生徒、指導者たちが少しでもよりよい方向にいくことを願って、この本を作成しました。

各学校の部活動の発展に少しでも貢献できたら幸いです。

名倉康弘

静岡県出身。中京大学体育学部卒業。大学卒業と同時に埼玉県の公立中学校に奉職。松山中学～川島中学～川島西中学を経て2001年から埼玉栄中学・高等学校バドミントン部監督。

公立中学校時代に全国中学校大会女子団体優勝2回。

埼玉栄では全国中学校大会男子団体優勝7回、女子団体優勝1回、全国高校総体男子団体優勝12回を誇る強豪校の基礎を築き上げる。

元全日本総合3連覇、オリンピックで2回の代表となった町田文彦、近年では史上最年少全日本チャンピオンとなり、日本人として44年ぶりに全英オープン選手権大会決勝に進出した田児賢一の指導者としても知られている。

日本バドミントン協会ジュニア強化部U-16のコーチとして、長きにわたり日本のジュニア強化にも取り組んでいる。

YONEX

この本の使い方

この本は、バドミントンの上達のコツをストローク、ショットごとに提案した本です。始めから順番に読み進める必要はなく、自分の苦手とする項目やテクニックなど、習得したい部分を選んで読み進めることができます。

例外はありますが、基本的に見開きで1

タイトル

タイトルには、このページの一番大切なコツ・テクニックが記載されています。常に念頭にいれてプレイしましょう。

Check Point!

プレイをする上で、一番重要となるテクニックのコツを3つ記しています。

本文

紹介しているコツの概要、それにまつわる知識を紹介しています。

つのプレイのコツを紹介しています。そのコツを素早く習得するため、やり方の手順や知識、ポイントとなる部分を細かく説明しています。

また、部活動に焦点をあて、部活動での練習法や部活動においての考え方などをページ内にも盛り込んでいます。部活動で練習する上での参考になさってください。巻末ページでは、よりよい部活を目指すためのコツを紹介しています。この章では、部活動についての考え方や指導の仕方、成長期に考えておきたいケガと栄養についてを説明しています。

PART 2

正しい打ち方を体に覚え込ませることが試合勝利の秘訣

❶引いた足に重心を移動し、シャトルの飛んでくる方向をしっかり見る。

❷引いた足を思いっきり蹴って高く飛ぶ。打点を意識してヒジをあげていく。

❸最も高い位置で打つこと・ラケットの面の向きを意識しながらシャトルをとらえる。

POINT 2 手首を自然に返す

重心を移動

❹打った瞬間に手首をラケットが追い越し、自然に手首が返るのが理想。

❺重心の移動が速やかに行われていれば自然に着地でき、次の動作に繋がる。

POINT 3

打つ瞬間に手首が返る。手首をラケットが追い越していくイメージで打つこと。

ヒジがさがり手首が折れている。シャトルを当てにいってしまいラケットが返っていない。

23

POINT

タイトルと連動して、コツをつかみやすいよう、写真を使って詳しく説明します。

ココに注意

初心者がとくにおかしやすい問題点や間違いを写真を使って説明します。

+1 アドバイス

部活動において有効な練習法や練習の順序、部活で行うべきことや心構えなどを記しています。

※本書は2017年発行の『部活で差がつく！勝つバドミントン　最強のコツ50』を「新版」として発売するにあたり、内容を確認し一部必要な修正を行ったものです。

contents

PART3 強豪校のトレーニングでレベルアップする

PART4 試合を勝ち抜くための戦術・セオリー

PART5 一緒にスキルアップ 監督・キャプテンと取り組もう！

基本を覚えることが上達への近道

PART 1

グリップの持ち方からリストスタンドまで。
ラケットの持ち方は、もっとも基本で、もっとも重要なことです。
しっかりマスターしてから先に進みたいもの。

PART 1 グリップの握り方

コツ01 親指と人差し指で軽く握る

バドミントンをする上で一番初めに重要なポイントとなるのがラケットの握り方。正しくマスターすることが上達への近道です。

フォアハンド バドミントンでは、グリップは軽く握るのが基本。

二本の指で軽く握る感覚で持つ

フォアハンドは、ラケット面を床に対して垂直に立て、包丁を持つときのようにグリップ部分を握ります。

このとき注意するポイントは、**グリップを強く握りしめないこと**。初心者にはよく見られがちですが、強く握りしめてしまうと手のひらがべったりグリップ面についてしまい指が自由に使えなくなるため、ラケット操作やバックハンドへの握り替えがスムーズにできなくなってしまいます。**親指と人差し指で作ったVの字とグリップの間に、指1本程度が入る隙間を作る**と、ラケットを指でスムーズに操作することができます。

「指でラケットを操作する」ということを心がけましょう。

Check Point!

❶親指と人差し指で握り、残りの指は添えるだけ

❷指と指の間を空け、軽く握る

❸親指と人差し指でVの字を作る

POINT 1 フォアハンド

力を入れず、手のひらと指で押さえる感覚。親指と人差し指でVの字を作る。

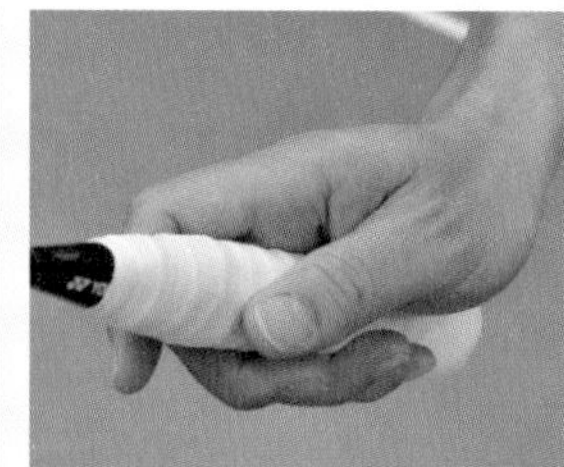

指と指の間がくっつかないように、少し間隔をあけて握るようにしよう。

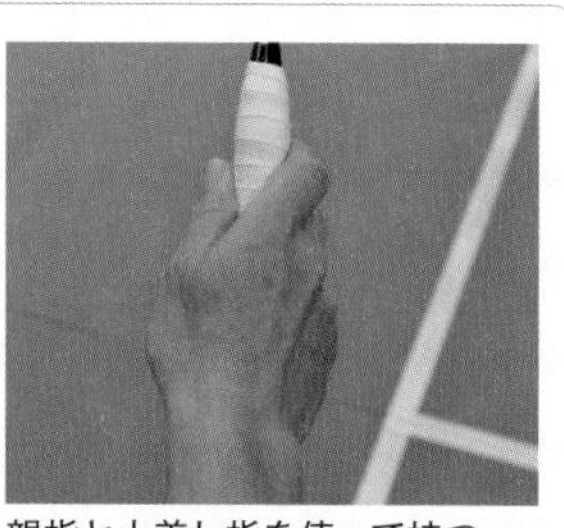

親指と人差し指を使って持つ。こうすることで、ラケット面の操作ができる。

親指の第一関節をグリップに当てる

バックハンドで打つときは**親指の第一関節部分の腹をグリップ面に当てる**サムアップグリップが基本です。

このとき注意するポイントは親指の腹全体をグリップ面に当てるのではなく、第一関節部分までの腹を当てること。親指全体の腹を当ててしまうとラケット操作がスムーズにできないので注意しましょう。

フォアハンド同様、**親指と人差し指でVの字を作り**、親指でラケットの重みを感じられる状態にします。フォアハンドからバックハンドグリップへの握り替えがスムーズにできるよう、できるだけラケットを見ずに、指先の感覚だけでラケットの向きがわかるよう心がけましょう。

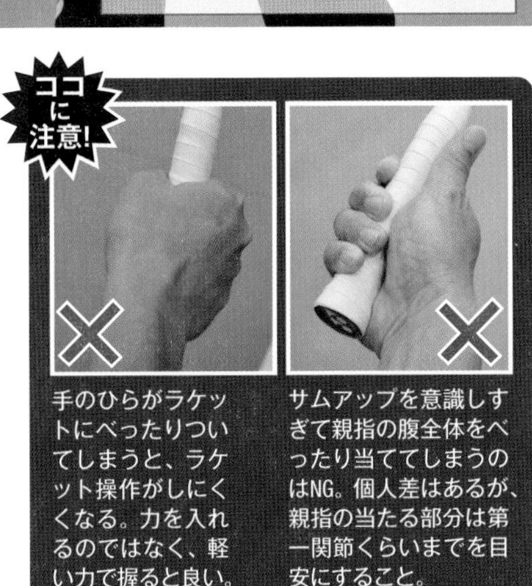

手のひらがラケットにべったりついてしまうと、ラケット操作がしにくくなる。力を入れるのではなく、軽い力で握ると良い。

サムアップを意識しすぎて親指の腹全体をべったり当ててしまうのはNG。個人差はあるが、親指の当たる部分は第一関節くらいまでを目安にすること。

POINT 1 バックハンド

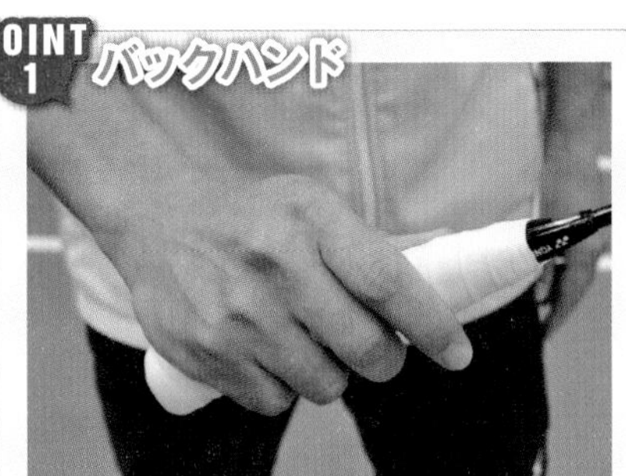

親指の腹をグリップ面に軽く当て、親指をグリップに沿うようにする。

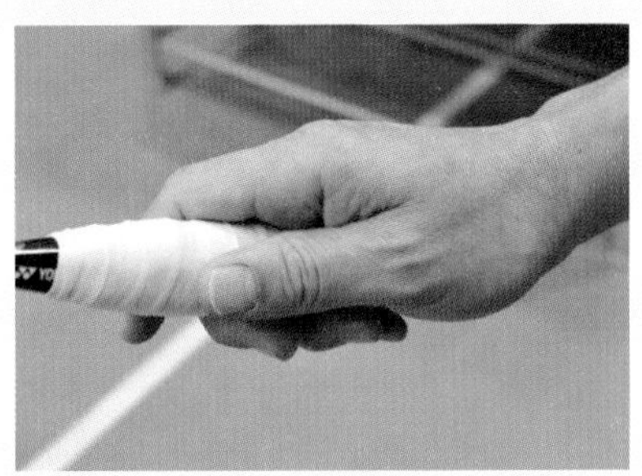

バックハンドでも、フォアハンドと同様に、親指と人差し指でVの字を作るイメージで持つ。力は入れず、軽く持つことを心がける。

PART 1

コツ 02

リストスタンド

手首を起こしてラケットを立てる

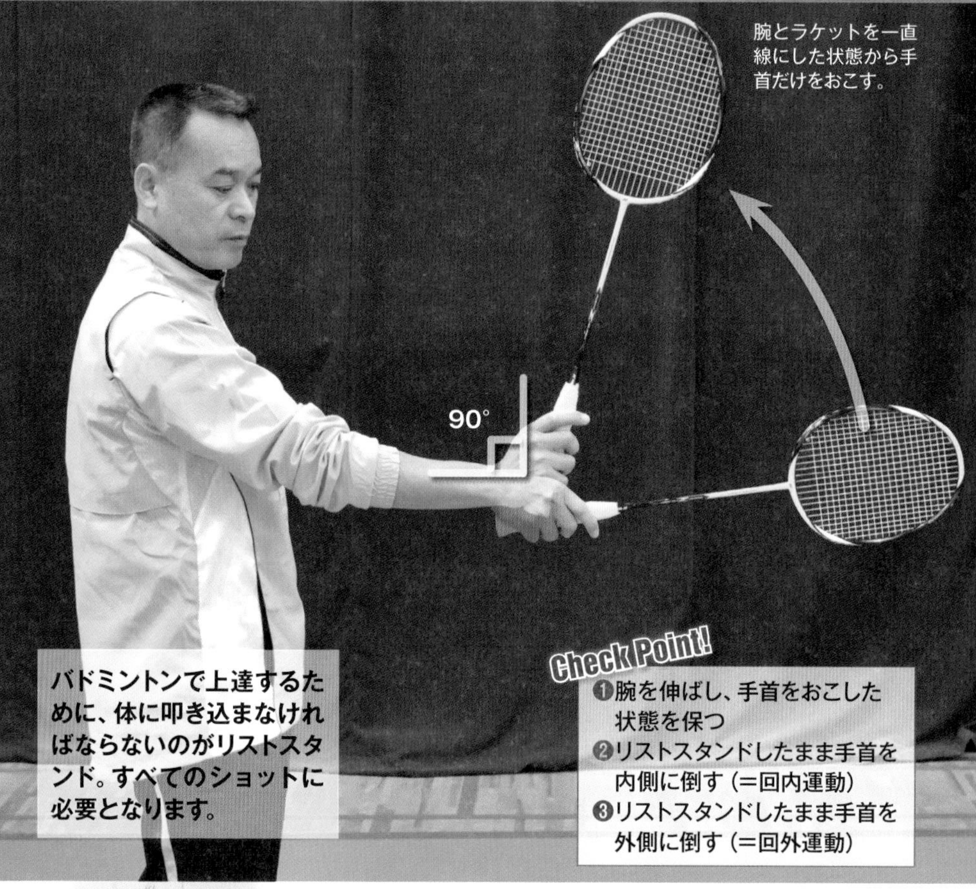

ラケットと腕の角度はほぼ直角

ラケットを正しく握ることができたら、**手首を親指の付け根の方向に曲げてラケットを立ててみましょう。このとき、ラケットと腕の角度がほぼ直角になっている状態が正しい姿勢です。**

正しくリストスタンドができていないと、ラケットに全身の力を伝えることができなくなってしまいます。軽くて動きが速いシャトルを打ち返し、遠くに飛ばすためにはラケットをコンパクトにすばやく振り抜かなければなりません。さらに、指先で弾くように打つ感覚は、リストスタンドができていなければできません。

リストスタンドのまま、ラケットを動かす練習として、回内・回外運動があります。身に付くまで、この運動を繰り返しましょう。

POINT 1

手首を立てることを意識

軽いシャトルを軽いラケットで打つバドミントンでは、ラケットのヘッドスピードをいかに速くすることができるかが勝負のカギとなる。そのために、ラケットと腕の角度がほぼ直角になった状態＝「リストスタンド」を正しく覚えよう。

スイングの際にも、このリストスタンドを保ち、そのままシャトルを打つ。

POINT 2

リストスタンドで回内運動

リストスタンドを保った状態で、ラケットを内側に倒す動作を「回内運動」という。回内運動はフォアハンドストロークのときに用いられる。

リストスタンドを保った状態のラケットを内側に倒し、回内運動を行う。このとき、手首を伸ばし、リストスタンドが崩れていないか注意する。

POINT 3

手首を意識し回外運動

リストスタンドを保った状態で、ラケットを外側に倒す動作を「回外運動」という。回外運動はバックハンドストロークのときに用いられる。

リストスタンドを保った状態のラケットを外側に倒し、「回外運動」を行う。回内運動とともに、初心者にはまずやって欲しい練習だ。

ココに注意！

手首を曲げたまま動かさない

回内、回外運動では、リストスタンドしないまま、手首だけを曲げて打っても、シャトルにしっかりと力が伝わらない。リストスタンドを保った状態で回内、回外運動をすることが重要だ。

初心者は特に、手首だけを使いがちだが、ヒジから先を使うことを意識して練習しよう。

PART 1

打ち合い練習法①

コツ03 体の前で打つ感覚を身につける

バドミントンの基本となるラケットワークの向上のためには、ラケットに慣れること、体の前でシャトルを打つ感覚を得ることが重要。

床に座り、3メートル程度離れて打ち合う。上半身だけを使う練習だ。

Check Point!

❶シャトルは体の前でとらえる
❷上半身だけを使い打ち合う
❸リストスタンドできているかを意識する

シャトルを体の前でとらえることが最重要

シャトルを体の前でとらえることは、初心者にとっては最重要課題です。

なぜなら、シャトルを自分の体より後ろでとってしまうと、ねらい通りの返球ができないからです。

そこで、ラケットの扱いに慣れ、シャトルを体の前で打つ感覚を身につけるための練習方法を提案します。

まず一つ目に床やイスに座って打ち合う練習です。これは、座ることで体の移動ができず、**必然的に体の前でシャトルをとらえることになります。そのため、シャトルを体の前でとらえるという感覚を身につけることができます。**

さらにリストスタンドができているかを自分でチェックしながら行いましょう。

POINT 1

体よりも前で打ち合う

開脚し、向かい合って座る。こうすると、下半身が使えないため、手でラケットを操作する感覚を身につけられる。また、体よりも前でシャトルをとらえることになるため、その感覚もつかめる。

この練習に徐々に慣れてきたら、コースを限定して打ったり、ラケットタッチを早くするなどの練習もしてみよう。

POINT 2

上半身だけを使って返球

床に開脚して座る、イスに座るといった練習法は、上半身のみで返球する。そのため、打ちやすい位置に返球すること。そうしないと、シャトルを追うことに意識がいき、練習意図が変わってしまう。

慣れたら、フォア対フォア、ストレート対クロスなど、コースを限定して練習するが、この場合も打ちやすく返球する。

POINT 3

リストスタンドを保つ

コツ02で紹介したリストスタンドに注意しながら打ち合いを行おう。手首は柔らかく使い、ラケットをコンパクトに動かすことを意識する。

慣れてきたら、ラケットを短く持ち、速いテンポで打ち合う練習を行う。ラケットを短く持てば、必然的に小さく振ることになる。

初級者は上級者と打ち合いを

このページで紹介した練習、またはその他の２人組みでの打ち合いは、初級者と上級者が組んで練習するとよい。

初級者同士だとどうしても打ち合いが長く続かないため、上級者と組ませることで、よりバリエーションに富んだ練習が可能となる。

上級者と組めば、打ち分け練習もできるため、初級者同士で打ち合い練習をするよりも早く、打ち分けができるようになる。

また、これらの練習法はコート内で行う必要はないため、新入部員の多い４月からの基礎練習にぴったりだ。こういった打ち合い練習を重ね、リストスタンドとシャトルをとらえる位置を、初級者にマスターさせる。

PART 1 打ち合い練習法②

コツ04 体の前でシャトルをとらえることを覚える

座っての打ち合い練習に慣れたら、次は立っての練習です。時間のあるときには、一人で行う打ち上げ練習も行いましょう。

日々の努力に栄花よ咲け
埼玉栄中学・高等学校 平成15年度卒業生一同

体の前で打つ

足は動かさない

ネットは使わず、3メートル程度離れて打ち合う。足は動かさない。

Check Point!

❶足を動かさない練習で、確実に体の前でシャトルをとらえる
❷リストスタンドしたまま打つ
❸バックハンドにも挑戦する

打ち方の基本を身につける

P14～15の打ち合い練習に慣れたら、向かい合った状態で打ち合いをしましょう。これまでに練習したグリップの握り方や、リストスタンドができているかを確認し、できるようになったらフォアハンドからバックハンドへの切り替えを加えます。

始めは足を動かさず、お互いに手の届く範囲で打ち合います。慣れてきたら、足を動かすことも意識します。また、フォア対フォア、バック対バック、ストレート対クロスなど、コースを限定して打ちます。

部活動が休みの期間や休日などには、右ページで紹介する打ち上げ練習も効果的です。シャトルを弾く感覚をとらえることができます。自分の頭上に打ち上げる練習ですので、スペースも必要ありません。

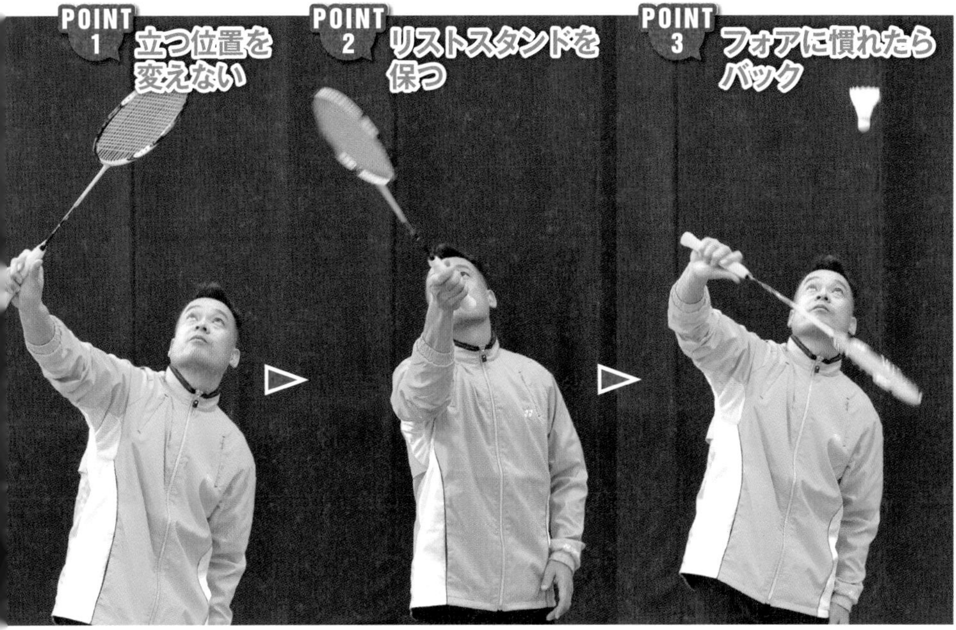

POINT 1 立つ位置を変えない

POINT 2 リストスタンドを保つ

POINT 3 フォアに慣れたらバック

❶自分の真上にくるようにシャトルを打ちあげる。高くあげるよう意識する。

❷リストスタンドを意識しながら行う。打つ位置が大きくずれないようにしよう。

❸始めはラケットの片面のみを使って打ち、慣れてきたら両面を交互に使って打つ。

プラスワンアドバイス コート外でも出来る練習を

上で紹介した打ちあげや壁うちのメリットは、一人で、限られた場所でも練習できるということだ。部活中などの空いた時間や、練習する相手がいないときでも行えるため、時間を有効利用できる。とくに初心者は積極的に行った方がよいだろう。

コート数が限られていて、新入部員がコートで練習できる時間がほとんどない学校もあるだろう。そんな場合は、ラケットやシャトルに慣れるためにも、こういったコート外でも可能な練習を取り入れていきたい。

シャトル・ラケットを知ろう

バドミントンのラケットは、丸型と四角型があります。一般的には、四角型の方が使いやすいといわれています。ストリングは好みに合わせて張れますが、弾力があり耐久性にすぐれたものが一般的に好まれます。

いずれにしろ、自分のプレイスタイルに合ったもので、振りやすさを重視して選ぶのがよいでしょう。

シャトルは、16枚の水鳥の羽根をコルク台の上にとりつけたものと、ナイロン製の羽根（に似せたもの）をとりつけているものがあります。コルク台の底は丸くなっていて、ここを打ってシャトルを飛ばします。

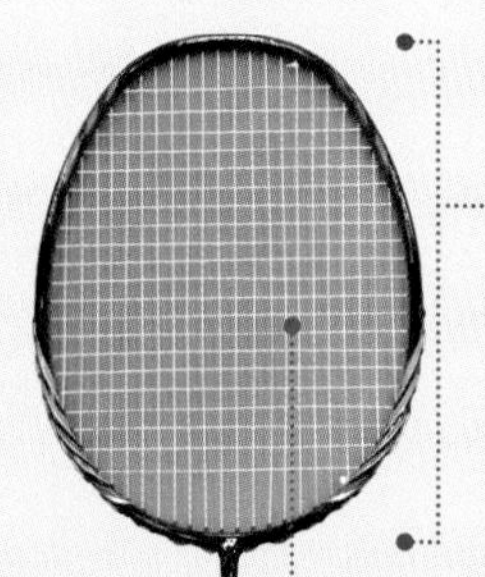

ヘッド
ストリングス（ガットのこと）を張り、シャトルをあてる部分を指す。

ストリングエリア（ガット）
ストリングスを張る面をいい、ここでシャトルを打つ。ストリングスの張り具合はシャトルの飛び具合にも関係するため、調整は重要となる。

シャフト
ラケット面の下からグリップをつなぐ部分。

グリップ
ハンドルとも呼ばれ、手で持つ部分。太さは3種類あり、一般的に細いほどコントロールしやすく、太い方が威力のあるショットを打つことができるといわれる。

グリップエンド
グリップの端。グリップよりもやや太くなっており、そのために手が抜けにくい。

シャトル
シャトルの重さは、4.74～5.50グラムと規定されている。シャトルの羽根は柔らかく、消耗が激しいため、試合中に何度も交換される。

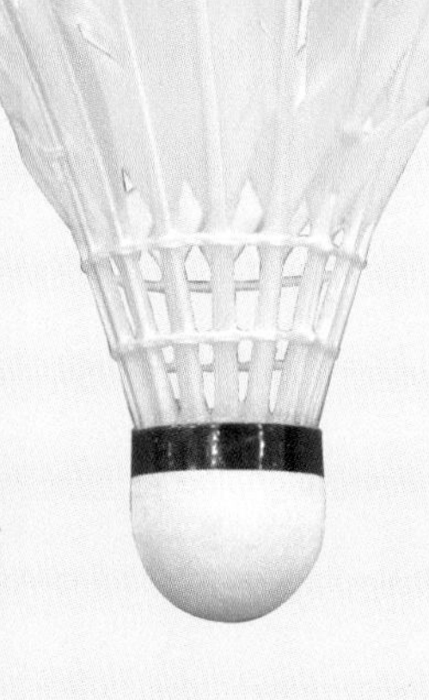

正しい打ち方を体に覚え込ませることが試合勝利の秘訣

PART 2

試合では、正しくストロークしなければスピードについていけません。
ストロークをマスターし、数々のショットを覚えましょう。
ポイントをおさえて練習すれば、上達が早まります。

PART 2 ストロークの基本

コツ05 シャトルを打つ位置でストロークが変わる

「ストローク」は、シャトルを打つという意味。基本となるフォームをおさえ、確実なショットを打てるように繰り返し練習しよう。

3種類のストロークを覚え、基本姿勢を正しくマスターすることが大切。

Check Point!

❶肩より上で打つのは「オーバーヘッドストローク」
❷肩から腰の間で打つのは「サイドアームストローク」
❸腰より低い位置で打つのは「アンダーハンドストローク」

ストロークには3つの種類がある

ストロークの基本的な動作は、足を肩幅より少し広めに開き、ヒザを緩めてやや前傾姿勢をとります。そしてラケットを正しく握るところから始めます。**打つ直前に足を移動させて半身を取り、ラケットが手首を追い越すイメージで振り切り、打った後は次の動作の準備をします。**

ストロークには、肩より上方で打つ「オーバーヘッドストローク」・肩から腰の間の高さで打つ「サイドアームストローク」・腰より下の位置で打つ「アンダーハンドストローク」の3種類があります。それぞれにフォアハンド・バックハンド、そして様々なショットがあります。

基本的な姿勢と注意点をしっかり覚えることが上達への近道です。

POINT 1

オーバーヘッドストローク

肩より上の高さで打つ打ち方を「オーバーヘッドストローク」と呼ぶ。クリアー・スマッシュ・カット等のショット（打球）がある。打点が高いため、早い球を返すことができることから、攻撃の要として重要な打ち方となる。シャトルをラケットの最頂点で打てることができるよう、基本から練習しよう。→P22へ

POINT 2

サイドアームストローク

肩と腰の間の高さで打つストローク。中でもドライブが一番使われるショットだ。ドライブとは、シャトルを浮かせずに返す球のことで、これにより相手にスマッシュを打たせることなく、左右に振ることができる。試合中に多用される重要なショットの一つだ。初心者でもラリーが続きやすい。
→P36へ

POINT 3

アンダーハンドストローク

腰より下の低い位置で打つ。ロブ・レシーブ等のショットがある。低い位置からは攻撃が難しいため、もっぱら守備的意味合いが強いストロークとなる。守備は試合に勝つためには、非常に重要な要素の一つ。特にレシーブ（スマッシュなど攻撃的な球を拾うこと）は、苦手意識を持たずに、入念に練習したい。→P42へ

段階的なメニューを組む

ストロークは、全ての動きの基本となる動作だ。初心者から経験者まで、さまざまなレベルのプレイヤーがいる部活動においては、ストローク練習は欠かせないもの。特に初心者は、まず素振りから練習しよう。素振り→シャトルを一人で打ち上げる練習→ノック→打ち合いの順で、着実に練習することが上達への近道となる。段階的なメニューを組むようにしよう。

また、素振りや壁打ち練習は、コート外でも行うことができる練習の一つだ。そのため、新入生などは、まずストロークの姿勢を完璧にマスターするためにも、素振りや打ち上げ練習、ネットを使わない打ち合いなどを多く練習にとり込もう。

PART 2 オーバーヘッドストローク

コツ06 打つ前に素早く半身になり手首を返す

Check Point!
❶打つ直前に足を引いて正面に対して半身になる
❷シャトルをとらえたら手首を自然に返す
❸手首をラケットが追い越していくイメージ

左の手をあげ、ラケットを持つ手と同じ足を引いて半身になる。

「オーバーヘッドストローク」は、肩よりも上、頭の上で打つ。攻守共に使えるショットがあるので、状況に応じて使い分けよう。

半身のまま左ヒジを高くあげてシャトルをとらえる

オーバーヘッドストロークには、「クリアー」「ハイバック」「スマッシュ」「カット」「ドロップ」などのショット（打球）の種類があります。どれもバドミントンにおいて基本となる動作です。そして、どのショットも頭上からラケットを振ることになるので、他のストロークと比べると攻撃的で華があります。勝敗を分けるショットにもなるので、それぞれ試合の場面に応じて使い分けられるように、基本を覚えてしっかり練習していきましょう。

まずは飛んできたシャトルに対し片足を引いて半身を取り構えることが大切です。そこからヒジをしっかりあげて、高くあげることを意識しながら打つ練習をしていきましょう。

POINT 1 右足を引き、半身になる

ヒジをあげる

高い位置で打つ

❶引いた足に重心を移動し、シャトルの飛んでくる方向をしっかり見る。

❷引いた足を思いっきり蹴って高く飛ぶ。打点を意識してヒジをあげていく。

❸最も高い位置で打つこと・ラケットの面の向きを意識しながらシャトルをとらえる。

POINT 2 手首を自然に返す

❹打った瞬間に手首をラケットが追い越し、自然に手首が返るのが理想。

❺重心の移動が速やかに行われていれば自然に着地でき、次の動作に繋がる。

POINT 3

打つ瞬間に手首が返る。手首をラケットが追い越していくイメージで打つこと。

ヒジがさがり手首が折れている。シャトルを当てにいってしまいラケットが返っていない。

PART 2 クリアー基本

コツ 07

蹴った力を体に伝え高い位置で打つ

クリアーは、攻撃としても、守備としても使えるショット。高い打点で打つことがポイントです。コートの奥まで飛ばせるようになりましょう。

ラケット最頂点でシャトルを打つ

クリアーはコートの手前から奥へと相手を追い込むオーバーヘッドストロークの代表的なショット。つなぎのショットと言われがちですが、クリアーをうまく使いこなすことこそが、勝敗を分けるポイントにもなります。まずは**コートの奥、遠くへ飛ばすということを目標に**練習していきましょう。

遠くまでシャトルを飛ばすためには、**右足を引いて半身になり、重心の移動を利用しながらヒジをあげて、ラケットを力強く**振ることが大切です。また、**床を蹴った右足の力を体全体に伝えるよう**意識します。シャトルを打つのは、**ラケットが最頂点にきたときが**ベスト。打ち終わったら、すぐに体勢を立て直し、右足を一歩前に踏み出します。

すぐに体勢を整えることは、試合においてはとても大切になります。そのため、重心の取り方にも注意し、常に前重心を心がけましょう。

Check Point!

❶足の蹴りの力を体の軸回転に伝える
❷高い打点で打つ
❸打ち終わったら、すぐに右足を前に出す

POINT 1 右足で床を強く蹴り、体を回転させる

左手をあげる

床を強く蹴る

❶左の手をあげ、ラケットを持つ手と同じ足を引いて半身になる。

❷足で床を強く蹴り、その力を意識しながら腰を回していく。

❸床を蹴りあげた力を腰に伝え、体軸を回しながらラケットに伝えていく。

POINT 2 高い位置でシャトルを打つ

❹ラケットがもっとも高い位置でシャトルをとらえる。打点の高さを意識。

❺打った瞬間に手首をラケットが追い越し、打ち終わりに右足が前に移動する。

POINT 3

すぐに右足を前に出し、次の動作に動ける体勢を整える。試合においては、特に素早い対応が大切となる。

ココに注意!

クリアーがうまくできても、腰が落ち、後ろに重心があると次の動きにつながらない。すぐに前重心になるよう意識する。

PART 2　ハイクリアーとドリブンクリアー

コツ08 同じフォームで打ち コースを使い分ける

クリアーは、攻守共に使える便利なショット。二種類のクリアー（ハイとドリブン）を、試合で使い分けられるように練習しましょう。

ショットの違いはシャトルの軌道。上級者はドリブンを多用する。

Check Point!

❶フォームは変えずに手首の使い方で打ち分ける
❷ハイクリアーは、高くコート奥に落ちるイメージ
❸ドリブンクリアーは、ハイクリアーより前でシャトルをとらえる

手首の使い方を変えて打つ

クリアーには、高く遠くに飛ばすハイクリアーと低く遠くへ飛ばすドリブンクリアーの２種類があります。いずれも同じフォームで打ちますが、**最後の手首の使い方によって打ちわけることができます**。

ハイクリアーは、体勢を立て直すための時間を作り出すという役割があります。シャトルの軌道は、**緩やかな曲線を描いて相手コートの奥に落ちる**イメージです。

ドリブンクリアーは、ハイクリアー同様、遠くへ飛ばすショットですが、ハイクリアーよりも**低く速いという特徴を持つ攻撃的なショット**です。コートの奥にシャトルを落とすことで、前に出ている相手を翻弄します。上級者の試合で多用されるショットの一つがこれです。

POINT 1

基本フォームは変わらない

ハイクリアーもドリブンクリアーも、基本フォームは変わらない。まずは基本フォームをマスターすることが大切。

左腕をあげて体のバランスをとりながら、ラケットを大きくふりかぶる。ワキが開いてしまわないように注意しよう。

また、腕をしなやかに使うよう意識し、コンパクトにラケットを振ろう。

POINT 2

ハイは高く奥へ打つ

ハイクリアーは、滞空時間を長くし、相手コートの奥に落とすショット。そのため、可能な限り高い打点でシャトルを打ち、遠くに飛ばすことを意識しよう。

クリアーの基本にならった打ち方をすれば、ハイクリアーは比較的簡単に打つことができる。打ち終わった後の体重移動は素早く行い、右足をすぐに出すこと。

POINT 3

体の軸より前で打つ

ドリブンクリアーの場合は、シャトルを打つ位置と手首の返しで打ちわける。まず、打つ位置だが、ハイクリアーよりも少し前（体の軸よりも前）で打つ。そうすることで球足が速くなる。

手首は振り切るというよりも、ラケットを前に押し出してから少し戻すイメージでシャトルに当てる。

ハイクリアーとドリブンクリアーのコース

ハイクリアーが高くあがってから落ちるのに対し、ドリブンクリアーは直線的に、低く速い球。ただし、いずれもコートの奥をねらうのがポイントだ。

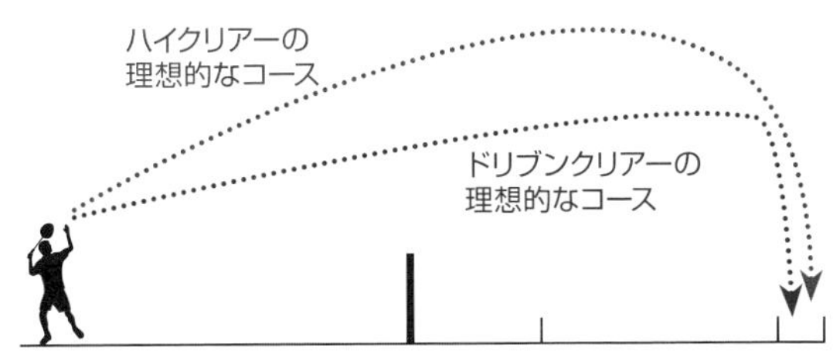

PART 2 スマッシュ基本

コツ09 もっとも高い打点で叩き込むように打つ

攻撃の要ともなるショットがスマッシュです。高い位置から強い球を打ち、得点をねらいます。

ヒジを伸ばし 高い位置でとらえる

スマッシュはもっとも攻撃性の強いショット。華があり、スピードや角度、タイミングなどで得点をねらうショットです。

高い位置から強い球を打つことで、特にシングルスでは重要な得点源となります。

ボールを投げるような半身の姿勢で構え、タイミングを合わせてシャトルをとらえます。そのとき、**ヒジが一番高い位置でとらえるようにしましょう。叩き付けるように打ち込んだ後、コンパクトに振り切り、次の動作にサッと移れるようにバランスを保って着地します。**

そのほか、応用編として、ラケットの面を作って速い速度のまま落とすカットスマッシュと、鋭い角度のまま直線でシャトルを落とすジャンピングスマッシュの2種類があります。それぞれ試合で使い分けられるようにマスターしましょう。

ヒジがのび、手首が返る瞬間のもっとも高い打点でとらえる。

Check Point!

❶ヒジがもっとも高い位置でシャトルを打つ
❷打った瞬間に手首を返す
❸シャトルは叩き付けるように打つ

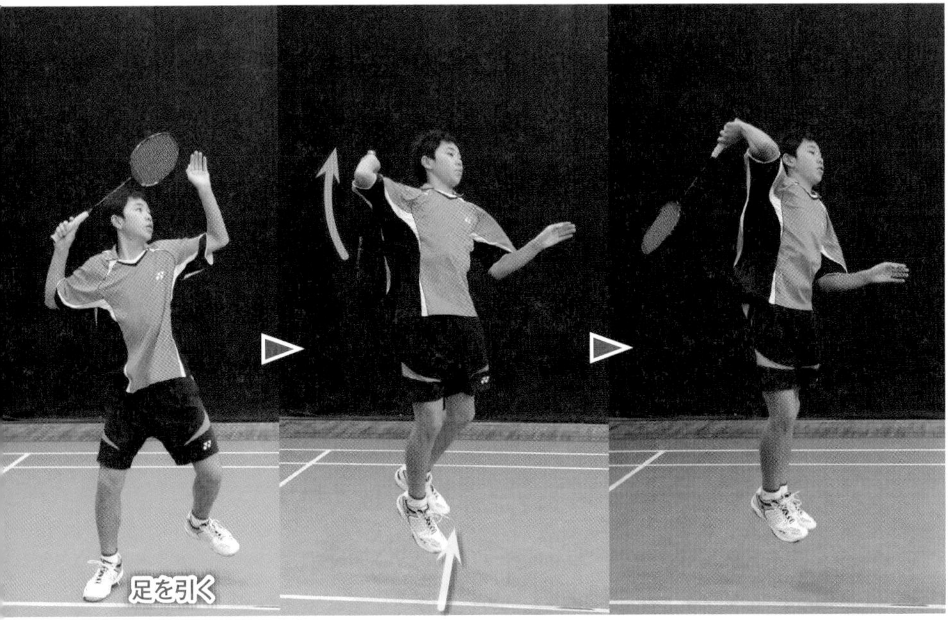

足を引く

❶足を引いてボールを投げるような半身の姿勢でラケットを構える。

❷飛んでくるシャトルにタイミングを合わせて足を踏みきり、ヒジをあげていく。

❸足を踏み切った力を腰に伝えて、腕を伸ばしながら力をラケットに伝えていく。

❹もっとも高い位置でシャトルをとらえ、角度を意識しながら叩き込む。

❺打った瞬間に手首を返していき、コンパクトに打ち終わるようにする。

シャトルをとらえたら、すぐに手首を返し、叩き付けるように打つ。

コツ10 ラケットの角度を変えたりジャンプして幅を広げる

二種類のスマッシュ（カットスマッシュ・ジャンピングスマッシュ）が使い分けられるようにマスターしよう。

同じスマッシュでも角度が変わってくるとねらう位置も変わる。

斜めにとらえるカット ジャンプするジャンピング

ラケット面を斜めに当て、スマッシュを打つことをカットスマッシュ、ジャンプしてさらに威力のあるスマッシュを打つことをジャンピングスマッシュと呼びます。

カットスマッシュは、シャトルにラケットを面を切るような形で、斜めに当てることがポイントです。そうすることで、相手の予想よりも前にシャトルを落とすことができます。スマッシュの特徴であるスピード感と、相手を翻弄する面使いで、チャンスを作りましょう。

ジャンピングスマッシュは威力のある攻撃的なショットです。そのポイントはタイミング。**コンパクトに鋭くラケットを振りきることができるように、足は力強く踏み切りましょう。空中でタメを作って、高い打点でシャトルをとらえます。**

Check Point!

❶カットスマッシュはラケット面を斜めにしてシャトルに当てる
❷ジャンピングスマッシュは空中でタメを作り、鋭く打つ
❸ジャンピングスマッシュはラケットをフラットに当てる

POINT 1

斜めに当てるイメージ

カットスマッシュの最大のポイントは、ラケットに対してフラットに当てないこと。面を切り、斜めに当てるイメージで、シャトルを当てる瞬間に手の中でグリップを転がして面を斜めにする。シャトルがラケットに当たったら、ほかのスマッシュ同様、手首を返して叩き付けるように打つ。

POINT 2

タメを作って打つ

一番重要となるのは、高い打点でシャトルをとらえることと、タメを作って打つこと。タイミングを合わせ、床を強く蹴り、高いジャンプをする。それと同時に、上体は後方にひねらせて、それを戻すときに蹴った足の力を上体に伝える。空中で瞬間的なタメを作り、ためた力をラケットに伝えるイメージを持とう。

POINT 3

スマッシュはフラットに当てる

写真は、通常のスマッシュでシャトルをとらえるときのラケットの向きを表す。

ジャンピングスマッシュ含め、通常のスマッシュでは、ラケット面の正面をシャトルに当てる。カットスマッシュと区別して考えるようにしたい。真正面からシャトルをとらえることにより、叩き込むようなショットを打つことができる。

カットスマッシュとジャンピングスマッシュのコース

ジャンピングスマッシュは、高い位置から直線的に相手コートに突き刺さる軌道が理想的。カットスマッシュは、それよりも柔らかい軌道ながら、スマッシュの威力を持ち、相手を翻弄する。

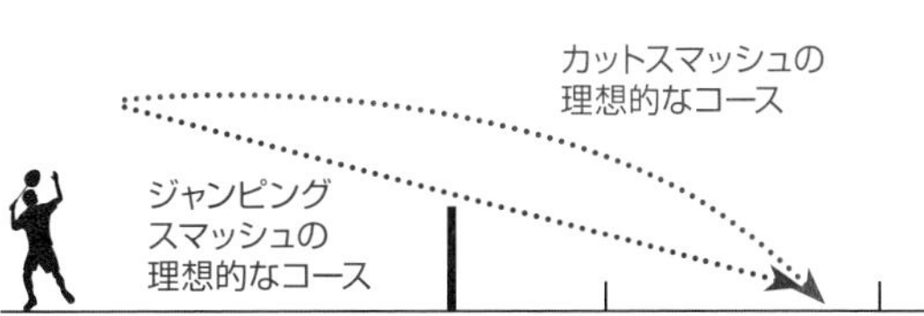

PART 2 カットとドロップ

コツ11 斜めにとらえるカット まっすぐ押すドロップ

ラケット面を斜めにしてシャトルをとらえるカット、ラケット面をまっすぐ押し出すドロップの基本をおさえよう。

ラケット面の使い方の違いでショットが変わる

ドロップは、ネット前にフワッと落とす、緩やかなショットです。向かってくるシャトルのスピードを落として意表を突き、相手を翻弄します。

カットはドロップに似て相手側のショートサービスラインの内側に入れるショットですが、ドロップよりも球足にスピードがあり、攻撃的です。

リバースはカットの一種ですが、面の向きを操作して逆側に切るショットです。

それぞれのショットは、ラケットの面の使い方で打ち分けられます。

ドロップは正面・フラットに打ちます。カットは、面を切る感じで打ちます。リバースカットは、手首を返してラケットを外側に開くイメージで打ちます。面で方向を、角度で飛距離を、力で緩急をつけられるようにコントロールする練習をしましょう。

Check Point!

❶カットは、ラケット面を斜めにし、切るように打つ
❷ドロップはラケット面をフラットで押し出すように打つ
❸通常のカットと逆側に切るカットをリバースカットと呼ぶ

それぞれの打ち方で、シャトルの飛ぶ高さや距離が変わる。

POINT 1

シャトルを斜めに切る

カットのポイントは、シャトルの右側を斜めに切るようなイメージで打つこと。ラケット面を打つ直前に切り、シャトルに回転を与える。手首の力でラケットを切るというより、手の中でグリップを操作し、ラケット面を動かす。通常のカットではスマッシュほど叩き込まず、コースを優先する。

POINT 2

平面でとらえ押し出す

ドロップは、ラケットの正面でシャトルをとらえる。シャトルが当たった瞬間、ラケットを止め、そのまま前に押し出すイメージで打つ。とはいえ、止めすぎると打点が落ち、ネットにかかる恐れがあるので注意したい。

ネットギリギリのラインにフワッと落とすのが理想的なコースだ。

POINT 3

リバースカットは左側に切る

リバースカットは、カットと同様に、ラケット面を使って切るように打つ。しかし、通常のカットとは逆にシャトルの左側を切るイメージで行う。通常のカットが下に向けて切るイメージならば、右下に向けて切るのがリバースカットだ。ラケットを外側に返すイメージで行う。頭上の左よりにきたシャトルに有効。

カットとドロップのコース

ドロップはふわりと落ちるイメージで、ネット前に落とす。カットはそれよりも奥、サービスライン内側をねらう。いずれも柔らかいラインだが、落ちる場所が変わってくる。

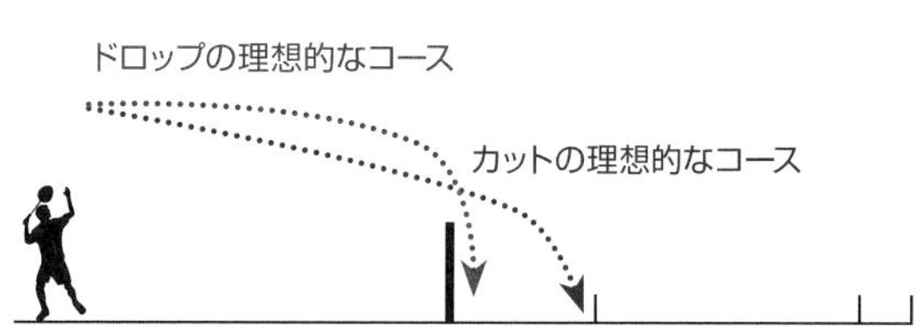

PART 2 ハイバック基本

コツ 12

相手コートに背を向けインパクトで一瞬止める

ハイバックは、相手コートに背を向けて打つ難関ショットです。腕を返して弾くイメージで打ちましょう。

怖じけず相手コートに背を向けて打つ

ハイバックは相手に背を向けて打つショットです。背を向けてから軸足を一歩前に踏み出すのと同時に、腕を返すようなイメージでシャトルをはじき返します。**大振りはしないで、インパクト（ラケットにシャトルが当たった瞬間）で止めるようにします。打った反動でラケットの位置が戻るくらいの感覚です。**

そのときのラケットの握り方もポイントの一つ。打つ瞬間に強く握りパチーンと打つようにします。親指の使い方も重要で、ラケットを支えるように持ちます。

さらに、シャトルを追うときには、思い切って相手コートに背を向けて追いかけます。怖がらずに背を向けることが大切です。

ハイバックをマスターすると、頭を抜かれた球の返球が可能になり、レシーブ力がアップして強みになります。

④シャトルを見ながら相手に背を向け、右軸足を一歩前に出す。

Check Point!

❶親指を使って、打った瞬間にグリップを強く握る
❷小さくラケットを振り、インパクトで一瞬止めるようなイメージで打つ
❸相手コートに背を向けてシャトルを追い、右足を出す

POINT 1 打つ瞬間だけ、グリップを強く握り、親指で支える

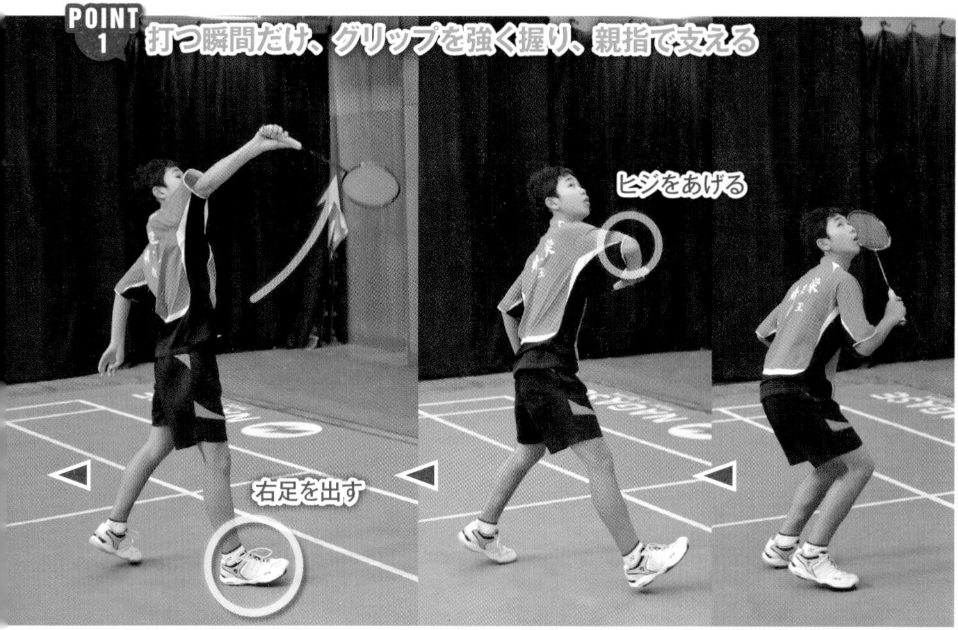

ヒジをあげる

右足を出す

❶シャトルの軌道を読み、ラケットの握り方を変えながらねらいを定める。

❷ヒジをあげながら相手に背を向けていく。シャトルからは目を離さない。

❸右足を一歩前に出し、ヒジをあげて打つ体勢に入る。ヒジはシャトルに向ける。

❺手の甲を相手に向け、大振りしないでインパクトで弾くイメージで止める。

POINT 3

背を向けたときに右の軸足が前に出る。踏み出すタイミングで弾くように打つ。重心は右足に乗せる。

ラウンド・ザ・ヘッドストローク

左上に飛んできたシャトルを頭上からラケットを回して打つことをラウンド・ザ・ヘッドストロークと呼ぶ。右手に持つラケットが左頭上に回るイメージ。

体の軸を回転させて、左上に飛んできたシャトルをとらえるよう上半身をひねる。

頭上でラケットを旋回させるイメージで打つ。左手側のやや前でシャトルをとらえる。

PART 2

コツ13

サイドアームストローク（フォア）
ヒジを伸ばしきらずリストスタンドを保つ

体の真横に飛んできた、スピードのあるシャトルをカバーし、ドライブなどの攻撃的ショットにも多用するストロークです。

Check Point!
❶ワキを軽く締めてラケットを振る
❷ヒジは軽く曲げたまま、リストスタンドして打つ
❸腰の回転をラケットに伝える

右足を大きく出し、シャトルに合わせて踏み込むように意識。

リストスタンドのままヒジは伸ばさない

腰から胸の辺りに飛んできたシャトルにはサイドアームストロークで対応します。

この高さにくるシャトルは、攻撃されている場合が多く、スピードがあるので、素早くスイング体勢に入る必要があります。

サイドアームストロークから、クリアやドロップを打つこともできますが、高度なテクニックを必要とするので、多くの場合はドライブを打つことになります。低い位置でシャトルをとらえるとネットにひっかかりやすく、左右のコントロールがつけにくくなるので、高めの位置で打つように意識します。

ポイントは、**ヒジを伸ばしきらないことと、腰の回転を素早く指先にまで伝え、コンパクトに振り切ることです。**

POINT 1 ワキをしめてスイング

POINT 2 リストスタンドを保つ

リストスタンド

❶シャトルを目で追いながら、足を広げ、右足を１歩前に出してシャトルを待つ。

❷リストスタンドを保つことを意識しながら、重心を前足に移動していく。

❸腰を回転させ、その動きを指先にまで伝えるイメージ。ヒジは曲げたまま行う。

❹インパクトの瞬間に、右足を踏み込み手首はリストスタンドを保つ。

POINT 3

右足を大きくしっかり踏み込む。また、腰を回転させ、その力を指に伝える。

ワキが空き、踏み込みが浅いと、インパクト時に力が入らず、速いシャトルが打てなくなってしまう。

PART 2

コツ 14

サイドアームストローク（バック）

リストスタンドを保ち腰の回転を使って打つ

手首が逆をむくバックハンドでは、力が入れにくいため難しく感じます。フォアハンドと同様、リストスタンドと腰の回転が大切です。

腕が伸びきらないよう注意。足を大きく踏み出して打つ。

Check Point!

❶リストスタンドのまま打ち込む
❷腰を回転させ、その力を指先に伝える
❸踏み込む足は、通常右足。ときに左足も可

リストスタンドはバックでも保ったまま

フォアハンドでも触れたように、サイドアームストロークを使用する肩から腰のあたりの高さには速く強いシャトルが飛んできます。

フォアハンドの場合と同じく、バックハンドの場合もドライブを打つことになりますが、フォアハンドに比べて難しく見えるため、苦手に感じる人が多いようですが、基本はフォアハンドと同じ。**リストスタンドと腰の回転がポイントです。ただし、足を踏み込むときにグリップエンド（グリップの先）からねらうイメージでラケットを振ります。**

数多く練習し、高い打点から左右にコントロールされたドライブは大きな武器となります。

POINT 1 リストスタンドのまま打つ

ヒジを下げない

❶肩幅より広めに足を開き、右足を少し前に出してかまえる。シャトルを追い、タイミングを計る。

❷シャトルの方向に右足を踏み出し、素早くラケットを引く。ヒジがさがらないよう注意しよう。

❸右足に体重を移動させ、リストスタンドさせたままラケットを振り出す。

POINT 2 右足で床を強く蹴り、体を回転させる

❹リストスタンドさせたまま、体の前で打つ。ひねらせた腰を戻すイメージで力を伝える。

POINT 3

バックの場合は、踏み出す足はどちらでも問題ない。通常は、体から遠い場合には右足を出す。

体に近い球が返ってきた場合には、左足を踏み出した方が楽に球を打ち返すことができる。

ココに注意!

✕

バックハンドでは、腕を振り回しただけでは、力が入らない。足〜手首へと力を伝えるイメージで打つ。

ドライブ
コツ15 コンパクトに振りネットぎりぎりに返球

ドライブは、相手のコートへネットすれすれに、床と平行にフライトするように強く打つ攻撃的ショットです。

Check Point!
❶ラケットをコンパクトにスイングする
❷リストスタンドを保ち、腰をひねって打つ
❸ヒジから先でコントロールする

インパクトの瞬間はしっかりリストスタンド。ヒジから先を使ってシャトルをコントロールする。

コンパクトなラケット操作でシャトルを浮かせない

激しいラリーの応酬などに見られる、シャトルをネットすれすれに床と平行に浮かないようにフライト（シャトルの飛び方）させるのがドライブです。シングルスでも使われますが、おもにダブルスで使われることが多い攻撃的ショットです。

サイドアームストロークから打ちますが、攻守にスピードを重視するので、鋭く、コンパクトにスイングするのが理想です。

また、打点が低いとネットにかかりやすく、スピードの甘い球になってしまうので、できるだけ高い位置で角度をつけて打つほど、スマッシュに近い、有効的な球となります。

ヒジを軽く曲げたまま、ヒジから指先で打つイメージで、体の前で打ちます。リストスタンドして、小さくコンパクトに振りましょう。

POINT 1

回内運動で小さなスイング

力まかせに打つと、シャトルが浮いてしまい、甘い球しか返球できない。理想はネットギリギリに鋭く突き刺さるコースなので、P12～13で紹介した回内運動の要領で、コンパクトにラケットを振る。その際、ヒジは伸ばしきらず、ヒジから指先までを使って打つように心がける。指先でコースをコントロールしよう。

POINT 2

腰をひねりリストスタンド

ドライブにも、フォアとバックがある。基本的なポイントは一緒だが、バックでは、腰をひねってシャトルをとらえることが大切になる。ワキをしめ、ヒジを軽く曲げてリストスタンドして打ち込めば、鋭いシャトルが打てる。強く打とうと大振りになると、コースが甘くなるので、腕をしなやかに使うイメージを持とう。

POINT 3

ヒジから先を使ってスイング

フォア・バックともに、インパクトの瞬間は、親指でグリップを押し出すように、指先でラケットをコントロールする。指先でコントロールしながら、コンパクトに振るためにも、ヒジから先だけを使って、打つことが大切となる。ヒジを軽く曲げたまま、体の前で打つことがポイント。

ドライブのコース

シャトルは浮かずに、床と平行に飛ぶのが理想。ネットすれすれのところを飛ぶように心がける。浮いてしまうと、強い返球をされる恐れがあるので注意しよう。

PART 2 アンダーハンドストローク基本

コツ 16 頭をさげずに上体はあげたまま打つ

腰より下をカバーする、守備的要素の強い打法。しかし、ねらうコースや打点により、形勢逆転や攻撃的なショットを打つことも可能です。

Check Point!

❶上体をまっすぐにしたままシャトルを打つ
❷できるだけ高い位置でシャトルをとらえる
❸ヒジから先をコンパクトに使って振る

上体はおこしたまま、高い打点で拾えるよう意識する。

上体は床と垂直のまま返球する

アンダーハンドストロークは、相手が、ドロップやスマッシュ、ヘアピンを打ってきた際、腰より下の高さで打ち返すストロークをいいます。

当然、守備的要素の強いストロークといえますが、ただ返球しただけでは、さらなる相手の攻撃を受けやすくなります。そのため、なるべく打点を高くとり、相手のコートの奥深くにロブを打ったり、ネットギリギリをねらったネットショットなどで、つねに形勢逆転をねらうショットを打つ攻撃的意識が必要です。

ポイントは、**頭を前に突っ込み、上体が崩れないように気をつけること。上体は常にまっすぐのままです**。また、ヒジから先をコンパクトに振ることも大切です。

POINT 1 頭は突っ込まず上体をあげる

POINT 2 高い打点を意識する

フォア

上体を保つ

カカトからつく

❶リストスタンドを保ちながら、シャトル方向に踏み出した足をカカトから着く。

❷ヒザを曲げて、シャトルをすくいあげるように打つ。振りは小さく、上体はおこしたまま。

❸高い打点を意識し、しなやかに打ったあとは、素早く足を戻し、次に備える。

POINT 3 ラケットはコンパクトに振る

❶ヒザを十分に曲げ、リストスタンドしたまま、ヒジからラケットを振り出す。

❷上体は床と垂直のまま、手首を効かせ、すくうようにコンパクトにシャトルを打つ。

踏み込んだ足のヒザは、くるぶしよりも前にいかないよう注意。あまり深く踏み込むと元の体勢に戻れない。

頭が突っ込み、上体が倒れてしまうと、シャトルが遠くに飛ばない。頭をあげて、シャトルを見よう。

PART 2

コツ17 守備的ロブ
バックバウンダリーライン近くまで高く飛ぶコースで打つ

相手コートの奥まで、高く返球することでシャトルの滞空時間が長くなり、その間に自分の体勢を整え守備を固めるショット。

ヒザを深く曲げすぎると体勢が崩れるため、曲げすぎに注意。

Check Point!

❶高く遠くに飛ばす
❷前足は大きく踏み込むが、ヒザを曲げすぎない
❸手首を返すように打つ

コート奥まで高いシャトルをあげる

ロブとは、クリアーと同様に相手の頭上高く、遠くに飛ばすことを目的とするショットのことをいいます。高く打ちあげればあげるほど、シャトルの滞空時間は長くなります。同じように、相手コートの奥深くまで打ち込めば、その分相手の返球にも距離がとれ、時間をかせぐことができます。

守備的ロブは、そのかせいだ時間を使い、自分の体勢を整え、守備を固めるために有効です。ですから、中途半端な高さや深さでは、体勢を整えるどころか逆に相手のチャンスボールとなってしまうので、**しっかりと高く、深いロブを打つ必要があります。**

しっかりと前足を踏み込み、手首を返して打つのがポイント。できるだけ高い位置でシャトルをとらえることも大切です。

POINT 1

天井めがけて高く

守備的ロブの最大のポイントは、シャトルのコース。ハイクリアー（P26）と同様に、天井めがけて高く、コートの奥をめがけて打つ。速い返球のラリーが続いた場合などは、意図的にこういった緩やかな返球を入れることで、試合の流れを変えることができる。ときには相手のリズムを乱すことも必要だ。

POINT 2

前足を大きく踏み込む

フォア・バックともに前足の踏み込みと手首の返しでシャトルを深く高く返球するのがポイントとなる。フォア・バック問わず、前足のヒザがくるぶしよりも前にこないようにする。ヒザを曲げすぎると、元の体勢に戻りづらく、また体勢が崩れやすい。時間を稼ぐ目的のこのショットの意味がなくなる。

POINT 3

手首を返して遠くに飛ばす

フォア、バックいずれの場合も、シャトルをとらえたら、ラケットをスイングするというよりもむしろ、スナップをきかせて手首を返し、その力でシャトルを遠くに飛ばす。

下のイラストを参考に、守備的ロブの軌道も思い描いてみよう。高く、バックバウンダリーラインをねらう。このラインを描くためには、手首の返しが非常に重要になる。

守備的ロブのコース

守備的なロブでは、高く遠くに飛ばすことがなによりも大切。中途半端な高さだと、反撃にあいやすくなるため、より高く・より遠くに打つことを目指す。

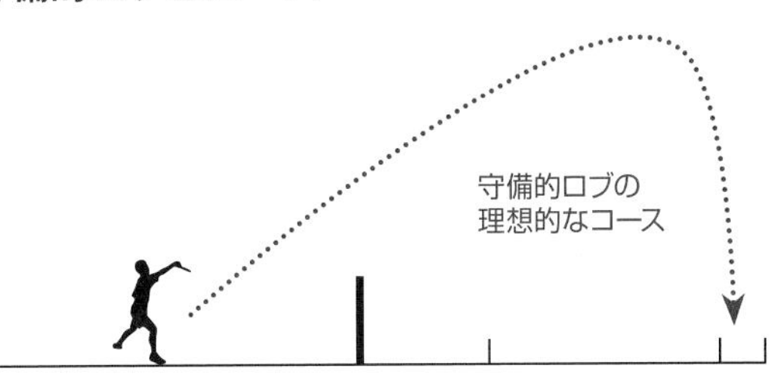

PART 2

コツ18 攻撃的ロブ 低く速い球で相手を左右に振る

ロブは守備としてだけではなく、相手の頭上や真横をねらい、強くスピードをつけて打つことで攻撃的ロブともなります。

早く打つ体勢に入ることで、コースコントロールできる。

Check Point!
❶高い打点でシャトルをとらえる
❷コンパクトに打つ
❸素早く踏み込む

相手の意表をつくコースをねらう

守備的要素の強いロブですが、相手が前に出ているときにはその頭上や真横をねらうことで攻撃的なロブとなります。

相手に攻撃を読まれないように、素早い踏み込みと高い打点で、スピードのある低い軌道が有効的です。

しかし、低いとはいってもあくまでも相手の頭上を通る高さ。低すぎる軌道では、相手のチャンスボールにもなりやすいので、しっかりコントロールする必要があります。守備的、攻撃的、どちらのロブも打ち合いにうまく交えることで、緩急がつき、相手のタイミングをずらしてミスをさそい、ゲームを有利に進めることができます。

状況に応じて、どちらのロブも打ち分けることができるよう練習しましょう。

POINT 1

高い打点で飛び込んで打つ

低く、速い球を打つためには、素早く打つ体勢になり、高い位置でシャトルをとらえることが大切となる。低い位置では、コースの打ち分けが難しくなる。

さらに、攻撃的なロブは、クロスとストレートが打ち分けられるように練習しておきたい。そうすることで、さらに相手の動きを乱すことができる。

POINT 2

手首だけでコンパクトに打つ

手首を使ってコンパクトにスイングすることが大切となる。グリップの握り方も、サムアップしてスイングの力が伝わりやすいように持つとよい。

初心者はロブに限らず、全体的にバックが打ちにくいと感じる人が多い。そのため、バックハンドはコースの打ち分けも含め、入念に練習しておきたい。

POINT 3

素早く大きく踏み出す

守備的なロブ同様、前足を素早く大きく踏み出し、ヒザを曲げる。とはいえ、前足のヒザはくるぶしよりも前に出てはいけない。元の体勢に素早く戻ることが重要になるからだ。

守備的ロブでは、高くシャトルをあげることが重要だが、攻撃的ロブではコンパクトに振り、鋭い打球を生み出す。

攻撃的ロブのコース

守備的ロブに比べて、低く速い打球。また、コート奥、バックバウンダリーラインギリギリをねらう。ただし、低いとはいっても、相手の頭上を越える高さである。

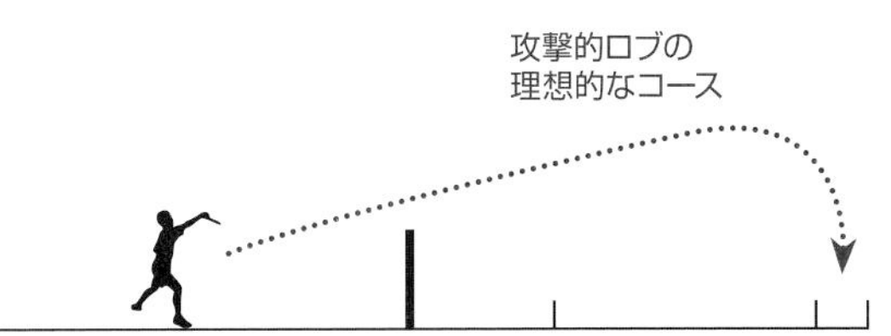

PART 2

コツ 19

ネットプレイ（ヘアピン）

ラケット面に乗せて押し出すように打つ

その名の由来である女性のヘアピンのような軌道で、ネットぎわにシャトルを落とすのがこのショットです。

Check Point!

❶シャトルをラケットに乗せる感覚で、押し出すように打つ
❷高い打点でとらえる
❸相手コートのネットギリギリに落とす

ラケットに乗せて相手コートに運ぶ感覚でショットする。

切るように当てたラケットを押し出す

ヘアピンは、ネット近くのシャトルを相手コートのネット近くに落とすショットで、ネットをはさんだシャトルの軌道が髪をとめる「ヘアピン」に似ていることからその名がつけられています。

一見簡単そうなショットに見えますが、高くあがりすぎるとプッシュで、相手コートに入りすぎると攻撃的ロブで攻撃されてしまうので、常に相手コートのネットギリギリに落とす技術が必要です。

シャトルを打つというよりは、ラケット面に乗せて押し出すように落とすといった打ち方が、ヘアピンの基本的な打ち方になります。ラケット面は、切るようにシャトルをあて、そのまま押し出します。感覚をつかむまで、繰り返し練習が必要です。

POINT 1

ラケットにシャトルを乗せる

平面にしたラケット上にシャトルを乗せて、切るように打つのがヘアピンの特徴。写真のように、高い打点でシャトルをとらえなければ、打つのは難しいので、早くシャトル下に入るようにしよう。
「ヘアピンを打つ」ことを相手に悟られないように、素早く体勢に入り、ラケット操作もスムーズに行いたい。

POINT 2

高い打点を意識する

バックにおいても、ラケットは平面にしてシャトルをとらえる。右足をしっかりシャトルに向けて出し、ラケットを平面にして当てるのがポイントだ。
また、高い打点でとらえることは、相手に猶予を与えないことでもあり、相手のミスを誘える。常に高い位置でシャトルをとらえることを意識する。

POINT 3

相手コートギリギリをねらう

相手コートのネットにからむくらいに近いところに落とす軌道が理想のコース。さらに、ストレートとクロスを使い分けられるのがベスト。そのために、高い打点でとらえることと、ラケットの繊細な使い方が重要となる。スムーズに打ち分けられるように、練習を重ねよう。

ヘアピンのコース

ネットギリギリで拾ったシャトルを、相手コートのネットギリギリに落とす軌道のショット。相手を動かすための、フェイント的な役割もある。

ヘアピンの理想的なコース

PART 2

コツ 20

ネットプレイ（スピンネット）

内側・外側に切り不規則な動きをさせる

ヘアピンを打つ際に、内側または外側からラケット面を切ることで、シャトルに回転をあたえ、不規則な動きをさせるショットです。

シャトルがラケット面に当たる瞬間に内側または外側に切る。

Check Point!

❶内側から外側にラケットを持ち上げ、内側から切る
❷外側から内側にラケットを持ち上げ、外側から切る
❸ストレートの場合は、内側から、クロスは外側から切る

ラケット面を持ち上げるようにして打つ

ヘアピンを打つ際、ラケット面を内側、または外側に切り、シャトルにスピンをかけることをスピンネットといいます。コルクが上を向いたまま落ちるため、不規則な動きで相手のミスを誘い、ゲームを優位にすすめることができます。

内側から切る場合は、内側から外側へラケットを時計回りと反対に持ち上げるように切ります。外側から切る場合には、外側から内側に、時計回りに持ち上げます。これは、フォアもバックも同様ですが、ラケットの向きが変わるため、回転させる方向が変わります。

一般的に、フォア側にストレートできたシャトルに対しては外側から、クロスできた場合は内側から切ります。

PART 2 コツ 21

ネットプレイ（クロスネット）

直前にラケット面を切ってクロスに飛ばす

ネット前に落とされたシャトルを、方向を変え、クロス方向に打ち返すヘアピンショットをクロスネットと呼びます。

Check Point!

❶インパクト直前にラケット面を切る
❷手首を柔らかく使い、強く打ちすぎない
❸高い打点で打つ

シャトルがラケット面に当たる瞬間に内側または外側に切る。

コースを読まれないよう直前に切り替える

相手がネット際でかつ正面にいる場合には、相手のいないクロス方向へのヘアピンが有効となります。

このクロス方向への返球をクロスネットと呼びます。

クロスネットは、なによりもインパクトの瞬間まで相手にコースを読まれないことが大切となります。**シャトルのコルクが下を向いたときに、ラケット面を替え、クロス方向に切ります。**力を入れすぎると、サイドアウトになりますので、**柔らかく手首を使い、シャトルを運ぶイメージで打ち込みましょう。**

また、シャトルの滞空時間が長いと反撃に合いやすくなるので、**高い打点でとらえるようにしましょう。**

PART 2

ネットプレイ（プッシュ　フォア）

コツ22 ヒジから先で叩き込むように打つ

ネット際に浮いたシャトルを、相手コートに叩きつけるように打つ攻撃的なショット。テニスのボレーに近いプレイです。

Check Point!

❶ヒジをあげて、ヒジから先を使って打つ
❷打つ瞬間にグリップを強く握る

高い打点で、角度をつけて打つ。ヒジから先を使うことを意識。

コンパクトにヒジから先を使ってシャトルを押し込む

相手からの返球が、ネット際に甘くあがったときに有効なショットで、特にダブルスで多用され、重要な決定打の一つとなります。しかし、ミスショットとなった場合には、相手の反撃を防ぎにくいため、確実に決められるという的確な判断と思い切りの良さが必要となってきます。

ヒジをあげ、ヒジから先を使って相手コートに押し込むように打つのがポイントです。インパクトの瞬間にグリップを強く握り、指先で弾く感覚で打ち込みます。

さらに、高い打点で、ラケット面を下に向け、より角度のついたショットを打つことが決定的な1打につながります。

飛び込んで打つ場合は、体やラケットがネットに触れないように注意しましょう。

POINT 1 ヒジをあげてヒジから先を使う

ヒジをあげる

❶足を開き通常のかまえでステップを踏む。シャトルから目線を外さないこと。

❷右足を前に踏み出しながら、ヒジをあげ、ラケットを高く構えてシャトルを待つ。

❸肩を引かずに手首だけでラケットを後方に倒す。グリップは軽く握ったまま。

POINT 2 打つ瞬間にグリップを強く握る

❹しっかりと右足に重心を乗せて、ヒジをあげる。手首をきかせ、シャトルを押し込む。

❺ラケットはコンパクトに振り、打ったら下に向ける。

POINT 1・2

ヒジをあげ、ラケットを立てて踏み込む。瞬間的にグリップを強く握って、ラケットをコンパクトに振る。

ココに注意!

ラケットを大きく振り切ると、ネットにラケットが当たったり、シャトルをひっかけやすくなるので注意。

PART 2 ネットプレイ（プッシュ　バック）

コツ23 親指を立て押し込むように打つ

リストワークでシャトルを押し込むようにしてショットする。

相手の返球がバック方向の場合には、バックハンドでショットすることで、体勢を崩さずに、より正確に打つことができます。

親指を使ってシャトルを押し込む

バックサイドの球にはできるだけバックハンドで対処する方がより効果的です。体勢を崩すことが少なく、素早く次の準備に移ることができるからです。

シャトルを待つのではなく、**体ごと向かい、シャトルの落下地点に素早く入り込むのがポイントです。打点は高く、体の前で打つことを意識しましょう。**

グリップは短めに持ち、サムアップ（親指を立てる）させて握ります。**インパクト時に、親指で押し込むようなイメージで打ち込むのがコツです。**

また、フォア同様、**ヒジから先を使ってラケットを振り、コンパクトにスイングします。**打ち終わったら、素早く元の体勢に戻りましょう。

ワイパーショット

コツ 24

ネットと平行に左右に振って払う

シャトルがネット際すれすれにあがったときに、車のワイパーのようにラケットを動かして、シャトルを払うように打つショットです。

Check Point!

❶ラケットをネットと平行に左右に動かす
❷左右に動かし、シャトルを払うように打つ
❸シャトルをネット上部においで練習する

車のワイパーのように左右にラケットを振って打つ。

練習法

ラケットを左右に動かして払い打つ

ネット際すれすれに飛んできた球でスイングができないときには、ラケットを車のワイパーのように動かし、払うように打つ、ワイパーショットが有効となります。

プッシュがラケットを前後に動かすのに対して、**ワイパーショットはラケットを左右に動かして打ちます。つまり、ラケット面をネットと平行に動かすのです。**

このショットは、初心者にとっては難しいショットの一つです。**そこで、左上写真のように、ネット上部の白帯にシャトルの羽根部分を差し固定します。その状態で、ラケットを動かして払う練習をするとマスターしやすいでしょう。**フォア・バックともに行います。シャトルを固定することで、ラケットの動きに集中することができます。

PART 2

コツ 25

ロングレシーブ

リストスタンドして手首でコースを変える

ロングレシーブは、相手の攻撃をことごとく封じ込むための重要な技。基本の動きから身につけましょう。

リストスタンドを意識する

相手が打ち込んでくるスマッシュを打ち返すのが、このレシーブです。エースをねらって打った決め球を打ち返すことで、攻撃から自分を守るだけでなく、相手を精神的にも追い込むことができます。

レシーブには大きく返すロングレシーブと、相手の連続攻撃をさえぎるために使うショ―トレシーブ、攻守を一瞬にして変える力を持つドライブレシーブがあります。いずれも、相手に同じ球種を打たれないようにするために、相手を長く走らせるように打つことを基本に考えましょう。

ロングレシーブでは、リストスタンドして、コンパクトに打つことがポイントとなります。スマッシュのスピードに合わせ大振りにならないよう注意しましょう。

また、打つコースや強さによって、手首のリストスタンドの角度を変えます。手首の使い方が大切です。

ロングレシーブのコース

相手コートの奥深くまで飛ぶようにねらう

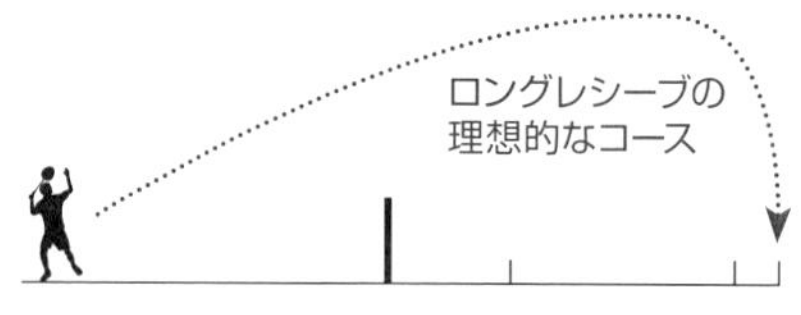

Check Point!

❶リストスタンドし、ラケットをコンパクトに振る
❷手首の角度を変えてコースを変える
❸コート奥まで飛ばす

手首をしっかり立ててコンパクトな振りを目指す。

POINT 1 リストスタンドし小さく振る

ヒザを
曲げて構える

❶足を開き、シャトルに合わせていつでも動けるようヒザを曲げて構える。

❷シャトルから視線を外さない。タイミングを計ってラケットを引く。

❸リストスタンドし、グリップエンドからラケットを振り出す。

POINT 2 リストスタンドの角度を変え、コースを決める

❹ヒジを伸ばし、コンパクトにラケットを振る。大振りにならないよう注意。

❺手首を使ってコースを決める。リストスタンドはここでも保ったままにすること。

POINT 3

高く、遠くへ飛ばす。ロングサービスラインをねらうとよい。スマッシュのレシーブは、力を入れずとも遠くへ飛ぶ。

体の横ではなく、前にしっかりラケットを出してシャトルをとらえる。

ショートレシーブ

コツ26 自分のコートでシャトルが最頂点を迎える

相手の連続攻撃に対し短く鋭く打ち返すレシーブで、おもにシングルスで使われます。

自コートで高さの頂点を迎え相手コートに落ちる

ショートレシーブは、シングルスで特に多く使われます。基本は、クロスのスマッシュはストレートに返し、ストレートのスマッシュはクロスに返します。相手を翻弄するために、コート内を走らせるのが目的です。

そのため、相手がつぎの攻撃を仕掛けにくいように、**ネットの前にシャトルが落ちるように運ぶのがポイントです。そのために、できるだけ自分のコート内で高さの頂点を迎えるように打ち、ネットを越えたあたりですっと落ちていく軌道を描きましょう。**

また、インパクトまで体は正面に向けたままを保ちます。

小さなスイングを意識し、手首を返すようにして打ちます。そうすることで、シャトルの軌道をコントロールしやすくなるのです。

ショートレシーブのコース

自分のコートでシャトル最頂点を迎え、相手コートで落ちるイメージ

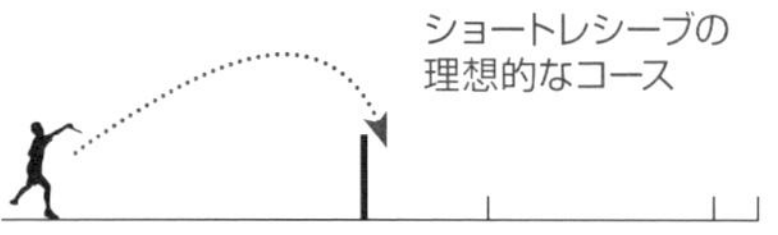

Check Point!

❶自分のコート内でシャトルが高さの頂点を迎える
❷正面を向いてシャトルをとらえる
❸小さなスイングで手首を使って打つ

体の前でシャトルをとらえ、コンパクトに振る。

PART 2 コツ 27

ドライブリターン

コンパクトに振り 直線的に返球する

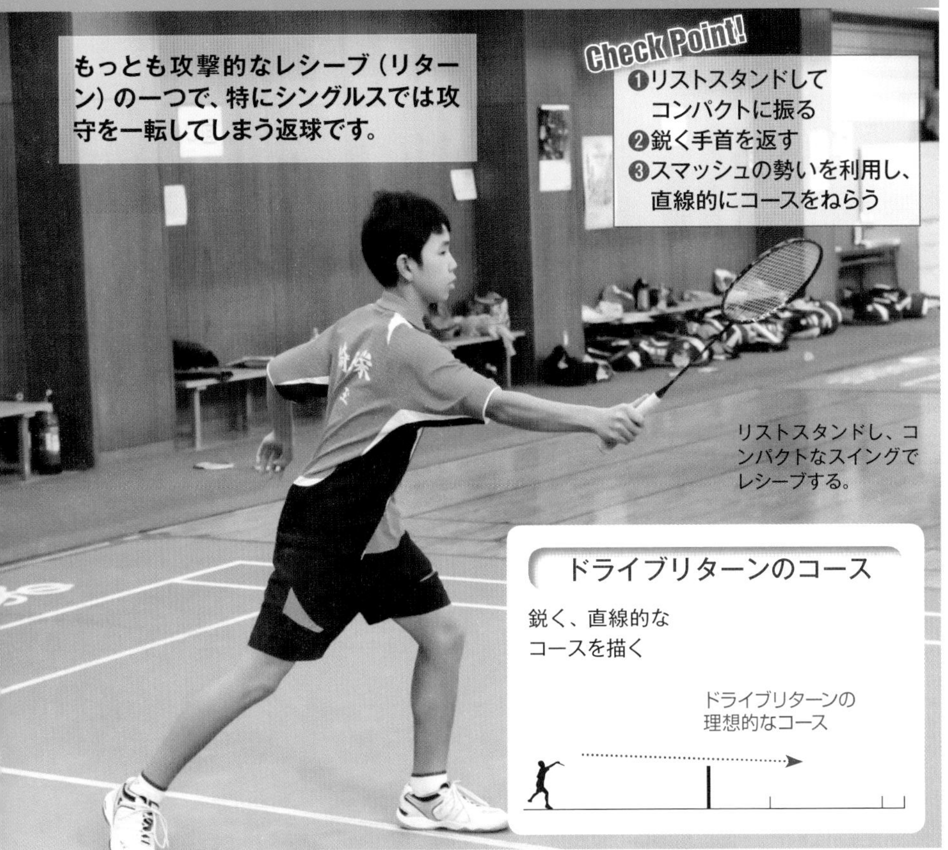

リストスタンドし、コンパクトなスイングでレシーブする。

小さく振ってシャトルを直線的に返球する

ドライブリターンは、攻守を一転させることもできる、もっとも攻撃的なレシーブです。角度が浅いスマッシュの返球に特に有効です。ダブルスの場合は、前衛のサイドを抜くのに使う返球でもあります。

重心をさげて、ドライブを打つように、直線的に鋭いリターンを目指します。

コンパクトなスイングを心がけ、鋭く手首を返すのがポイントです。

ダブルスの場合、シャトルが浮いてしまうと、前衛に叩かれ、逆にピンチになるので、ネットすれすれをスマッシュの勢いを借りて押し返す要領で打ちます。

非常に役立つレシーブですが、自分の体勢が整っていないと打てないというデメリットもあります。無理してドライブリターンで返球し、相手にチャンスを与えることのないよう、自分の体勢をまずは整えましょう。

PART 2

ボディショット
コツ28 体は正面を向けて体よりも前でとる

Check Point!
❶体は正面を向ける
❷体よりも前でシャトルをとらえる
❸フォア側も低い位置はバックハンドでとる

非常に難しいショットだが、ダブルスでは多用される。

身体の周辺に飛んでくるショットで、素早い反応が求められる難しいリターン。ダブルスで特によく使われます。

正面を向いたままシャトルをとらえる

ボディショットとはその名前のとおり、ボディ＝体の正面をねらって飛んでくるショット。速いスピードで、強く飛んでくるスマッシュのため大変打ち返しにくいのが特徴です。シャトルのスピードについていくのが難しく、素早い対応が求められるため、このショットに対するリターンが苦手だと思う人も少なくないようです。

シャトルが速いスピードで体の正面に飛んでくるので、大きなスイングでは対応しきれません。そのため、**フォアに飛んできたものもバックハンドを使って打ち返すことが多くなります**。その方が、ラケットの小さな動きで対応できるからです。やや前傾姿勢となり、体の前にスペースを作る練習から始めましょう。

POINT 1

正面を向きワキを締める

フォア側の高い位置はフォアハンドで打つが、低めにきたシャトルは、バックハンドの方がとりやすい。

高い位置の場合は、ワキを締め、右足を少し前に出して打つ。腕を小さくたたむイメージを持つと打ちやすいだろう。

他のショットと違い、ボディショットはフォアで打つ方が難しい。

POINT 2

体の前でシャトルをとる

バック側は当然、バックハンドで打つ。体を正面に向け、肩とヒジをあげて弾くように打つのがポイント。体の前でシャトルをとらえるように意識する。

また、ストレートに打つのか、クロスにするのか、相手に悟られないように打つことが大切だ。ラケットはコンパクトに振り抜こう。

POINT 3

フォア側もバックハンド

フォア側にきたシャトルも、バックハンドでとることが多い。体の正面にきた球の処理のためには、バックハンドの方が自然にラケットを振れるのだ。

一般的には、フォア側の高い位置をのぞいては、バックハンドで返球する。ただし、バックハンドでの返球ばかりでは攻撃に移れないため、フォアも覚えておきたい。

徹底的な練習あるのみ

ボディショットのような難しいショットは、習得に時間がかかるもの。特に初心者の多い部では、こういった習得に時間がかかるものは、ある程度の経験を積んでから練習した方がマスターしやすい。まずは、オーバーヘッド・サイドアーム・アンダーハンドといったストローク全般を完璧にマスターしてから、臨みたい。

ボディショットを身につけるためには、とにかく練習するのみ。様々な状況を想定して、あらゆる球をプレイヤーに打たせる。慣れてくるまでは、トスノックを行い、上達するに従って、打ち合いの中に取り入れよう。また、クロス・ストレートの打ち分けも練習が必要。動きの基本を頭に入れて、ラケットさばきを体で覚えれば、必ずや習得できるだろう。

ロングサービス

コツ29 リストスタンドしヒジを伸ばして打つ

相手のコートのバックバウンダリーライン付近をねらって高く打ち込む、シングルスの基本のサービスです。

手首を立てヒジから先を使って打つ

ロングサービスは相手コートのバックバウンダリーライン付近をねらって高く飛ばすサービスです。主にシングルスで使われ、レシーブで攻撃されないように相手をコートの深い位置に押し込むことがこのサービスを使う一番の目的です。

ロングサービスはロングハイサービスとも呼ばれるように「高く・遠くに」飛ばすことが大切です。**シャトルを遠くに飛ばすためのヘッドスピードをつけるために、手首をシャトルを打つ瞬間までリストスタンドした状態に保つこと、またシャトルをできるだけ遠い位置に落とし、スイングアークを大きくし、ラケットを振り抜くことが必要です。**鏡などで確認しながら、いいフォームをしっかり身につけましょう。

初心者は、自分の近くにシャトルを落としがちです。POINT３の練習を行い、シャトルを落とす位置を把握しましょう。

ロングサービスのコース

高く、ロングサービスラインをねらうコース。

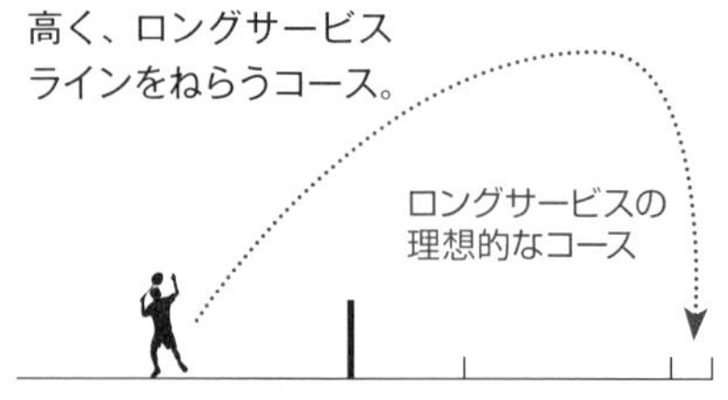

Check Point!

❶打つ瞬間まで、リストスタンドを保つ
❷ヒジを伸ばして打つ
❸ラケットの長さ分の位置にシャトルを落とす

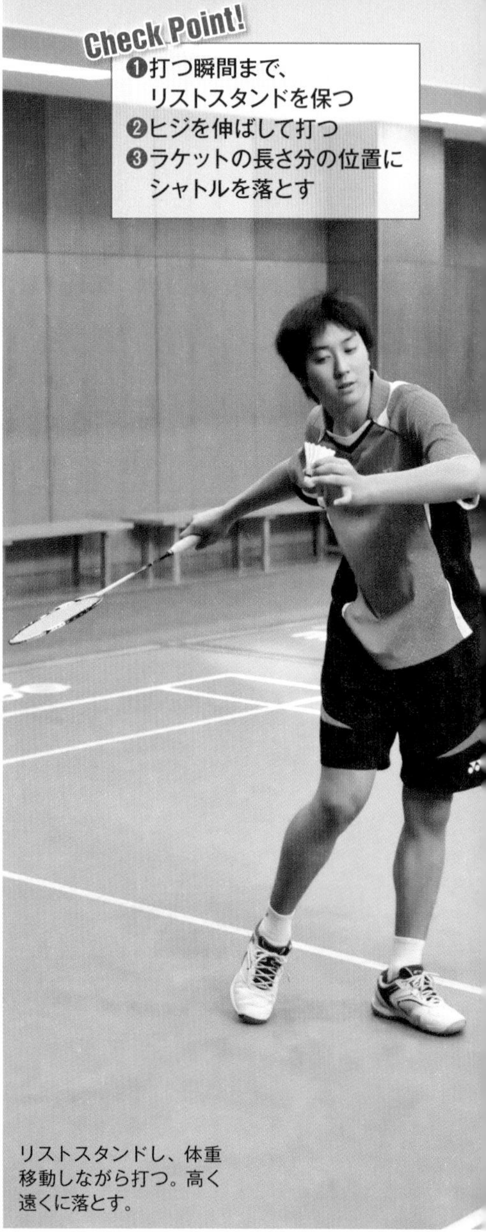

リストスタンドし、体重移動しながら打つ。高く遠くに落とす。

POINT 1 リストスタンドで打つ

POINT 2 ヒジを伸ばし、しなやかにラケットを振る

❶左手でシャトルを持ち、足を前後に軽く開いて構える。大きく振りかぶる。

❷手首をたてたまま振る。シャトルを落とす位置は足元からラケット1つ分先。

❸ヒジを伸ばしたまま打つ。下からすくいあげるように当てるのがポイント。

❹シャトルをとらえたら、腕を振り抜く。このとき、体重は左足に乗っている。

❺インパクトの瞬間までは伸ばしていた腕は、自然と曲げて振り切る。

POINT 3

シャトルを落とす位置の練習。ショートサービスラインぎりぎりに立ち、ラケットを置く。

ラケットの先にシャトルを落とせるように意識しながら、サービスの練習をする。初心者は慣れるまで行おう。

PART 2 コツ 30

ショートサービス

親指と人差し指で弾くように押し出す

ネット際に落として、相手を前に誘い出します。ダブルスや男子シングルスでは基本となるサービスです。

Check Point!
❶ラケットは短めに持ち、指でコントロールする
❷親指と人差し指で弾く
❸シャトルを離したらすぐに打つ

指先でラケットを押し出してシャトルを打つ

ショートサービスはネット際にシャトルを落として相手を前に誘い出す効果があり、攻撃型の相手に強いスマッシュを打たせたくないときや、ゲームの流れを変えたいときに多く使われます。以前からダブルスはこのサービスが主流でしたが、最近では男子のシングルスのゲームでもよく使われるようになってきています。

フォアとバックの２種類がありますが、ほとんどのプレイヤーがバックを使います。いずれもタイミングを計りながら打つことが重要。**ラケットを短く持ち、特にバックハンドのときは親指と人差し指で弾くように打ちましょう。腕を大きく振っては相手に打つタイミングを悟られるので、できるだけコンパクトに打ちます。**

バック

❶グリップは短めに握る。シャトルをつまみ、右足前で構える。

ショートサービスのコース

ロングサービスに比べ、
低く短いサービス。

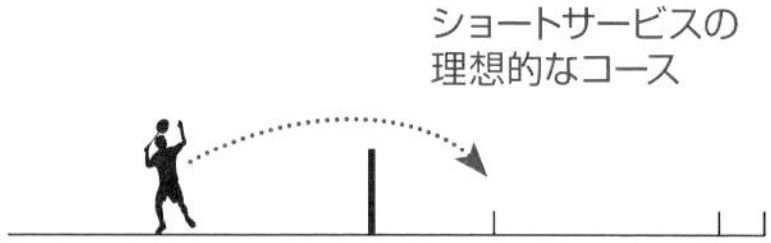

POINT 1 ラケットは短かく持つ

❶ラケットを短く持ち、シャトルはコンパクトに打てる場所に落とす。

❷コンパクトにラケットを振ってシャトルを打つ。相手のタイミングをずらすことを意識。

❸大きく振り切る必要はない。自然と腕が動く位置まで振り切る。

POINT 2 指でラケットを操作して打つ

❷ヒジは伸ばしきらず、タイミングを計ってシャトルを落とす。

❸指先を使って弾くように打つ。ラケットはコンパクトに振る。

POINT 3

左手で持ったシャトルを離したらすぐにラケットを動かし、素早く打つ。このタイミングを外すこともショートサービスでは重要となる。規則的に打たない努力を。

•●● column2 ●●•

コートの大きさ・名称を知ろう

バドミントンのコートの広さは、縦が13.4メートルで、横はシングルスが5.18メートル、ダブルスが6.1メートルと決められています。この中で競技は行われ、ラインを踏んでのプレイは違反行為となります。

ネットはコート中央に配されており、ネット中央の高さは1.524メートルです。ネットを支える支柱の高さは、1.55メートルです。バドミントンのコートは、ほかのスポーツにくらべるとそれほど広くないと感じるかもしれません。しかし、このコート内を1人、もしくは2人で守り、攻撃するのです。必然、コート内を走り回ることになり、非常にハードなスポーツといえます。

バックバウンダリーライン
シングルスでもダブルスでも、最後部のライン。シングルスでは、サービスの最終ラインでもある。

ダブルスのロングサービスライン
ダブルスにおいての、サービス最終ライン。

センターライン
サービスコートを左右にわける、中央にあるライン。

サイドライン
シングルスにおいての左右は、内側の線。ダブルスにおいてのサイドラインは外側の線になる。

シングルスサービスコート
シングルスの試合でサービスをすることができる場所。

ダブルスサービスコート
ダブルスの試合でサービスをすることができる場所。

強豪校のトレーニングでレベルアップする

PART 3

日々の練習法を変えることで、実力は一気にアップします。
今一度、部の状況を振り返り、正しい練習ができているか考えましょう。
ここに掲載した練習は一例です。
参考にして、自分たちにあった形で行いましょう。

PART 3

コツ 31

フットワーク練習①

ツマ先をシャトルに向ける

コートを走り回り、バランスよくシャトルをとらえて打つには、足の動きが必須です。そこで、足の動きの練習を取り入れましょう。

最後の1歩はツマ先をシャトル方向に向ける

バドミントンにおいて、**足を素早く動かし、シャトルの下に入ることは強くなるために非常に重要な要素です。そのため、足をスムーズに動かすための、「フットワーク練習」も欠かせない練習の一つとなります。**

本来ならば、コート内で練習した方がいいのですが、部員数やコート数の関係でそれが難しい場合には、ラインだけ引き、そのワクの中で動く練習をしてもよいでしょう。初心者にとっては、シャトルを見ながらさがることはなかなか難しいものです。そのため、初心者の練習の一つに組み込んでもいいかもしれません。

いずれにしろ、このページで紹介するのはノックを伴わない、初級編のフットワークです。スムーズに動けるように、身につけましょう。

Check Point!

❶ポイントは最後の一歩。
大きく、ツマ先の方向など注意
❷二歩で移動する
❸素早く動き、素早く戻る

POINT 1

最後の一歩のツマ先はシャトルに向ける

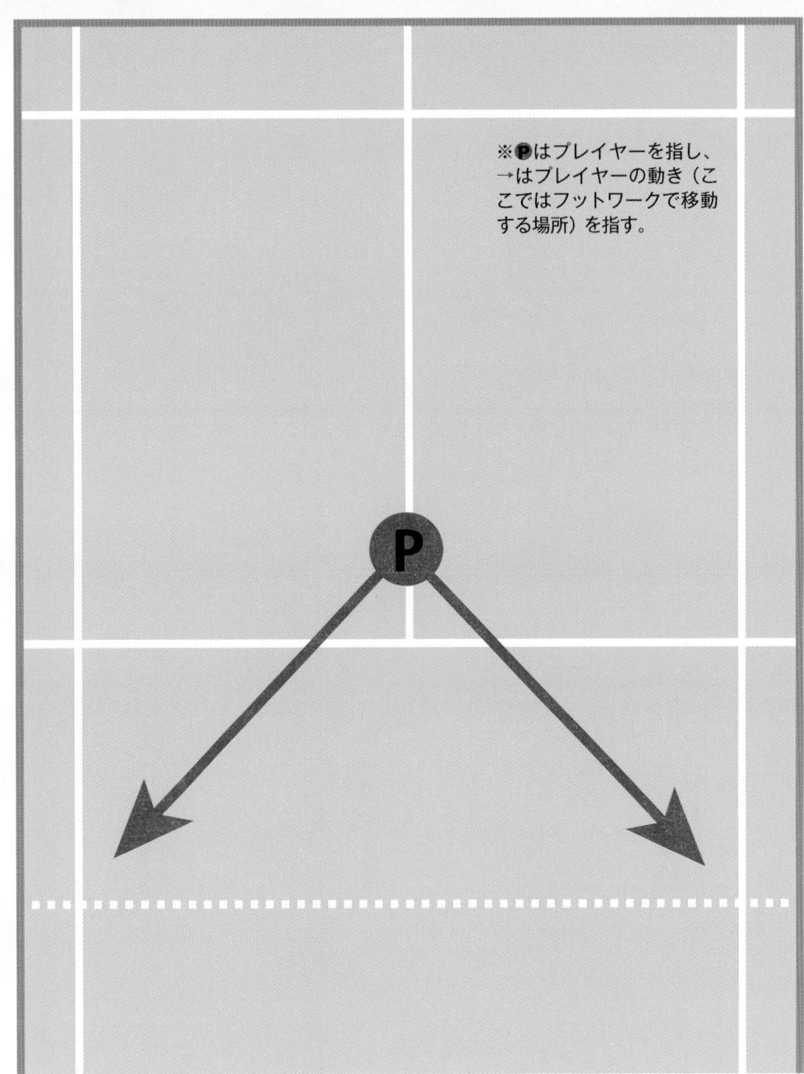

やり方

フォア側とバック側、両方行うが、まずはフォアから始める。構えの状態から右足を小さく1歩右斜め前に踏み出す。次に、左足を右足より1歩前に進める。さらに、右足を大きく踏み出し、ツマ先はシャトルに向ける。シャトルが落ちてくる位置（と想定される場所）に入ってから、フォアハンドでアンダーストロークの素振りを1回する。すぐに、最初の構えに戻って、バック側も同様に行う。

POINT 2

二歩で大きく移動

応用編1 V字で後ろへフットワーク

前ページのV字で前へ移動するフットワークの逆に後ろへ移動する。初心者は後ろへさがる方が難しい。前と同様に、フォア側から行う。構えから、右足を右斜め後ろに1歩さがる。次に、左足を右足のやや後ろまでさげ、さらに軸足となる右足を大きくさげて、半身になる。そのままオーバーヘッドストロークをしながら、左右の足を入れ替える。構えに戻って、バック側も同様に行う。

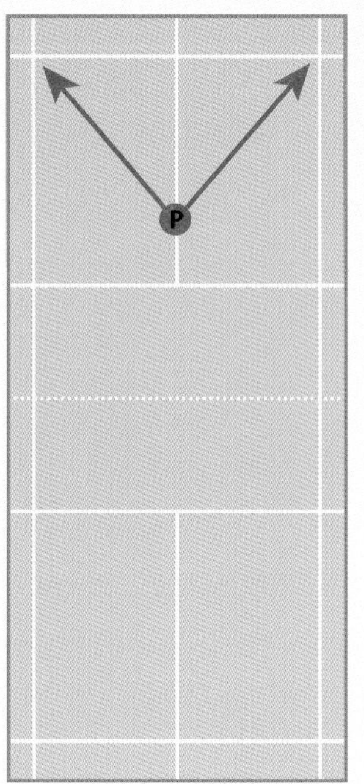

POINT 3

素早く動く

応用編2 左右へのフットワーク

同様に、フォア側から行う。右足を軽く出し、左足を前、もしくはクロスさせて右へ1歩踏み出す。さらに、右足を大きく右へ踏み出し、サイドアームストロークの素振りをする。元の構えに戻って、バック側も同様に行う。2歩目を引きつけるように運ぶよりも、クロスにした方が上体が安定する。また、踏み込んだ最後の1歩のツマ先は、必ずシャトルに向けること。

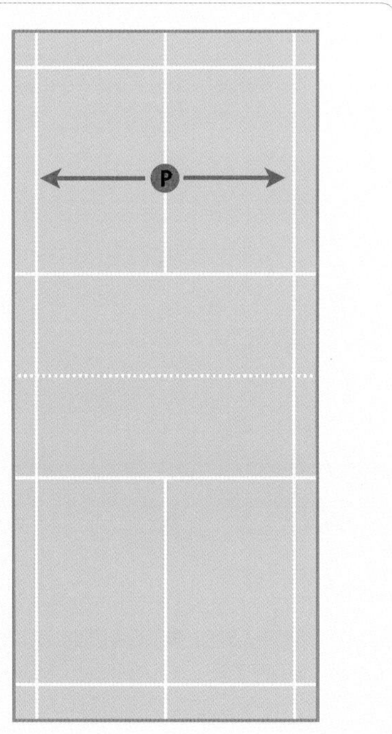

PART 3 コツ 32

フットワーク練習②

実戦を想定してフットワークする

フットワークで大切なことは、実戦を想定して動けるかということ。実戦では一定のリズムでステップを踏むわけではありません。

Check Point!

❶クロスのスマッシュ、ロブなど実践を想定したフットワークをする
❷シャトルがあると考えて動く
❸動くスピードもシャトルに合わせ意識する

実戦を想定して動くことを意識する

コツ31のフットワーク練習が上達したら、実践を想定した練習を行います。

足の使い方を覚えたら、次に必要となるのはそのスピードを変えて**いかにシャトルに追いつき、上体を保ったまま打てるかです。そのためにも、一定のリズムで練習するだけでなく、シャトルに合わせてステップを踏むことが重要になってきます。**

そこで、V字や直線で動くだけでなく、様々な状況を想定してのフットワーク練習を行うのです。プレイヤーはただ漫然と動くだけでなく、あたかもそこにシャトルが飛んできたように想像しながら、動きを確認しましょう。また、スマッシュの場合は素早く、クリアーならばゆっくりといった早さの違いも意識するといいでしょう。

POINT 1

コースを想定して動く

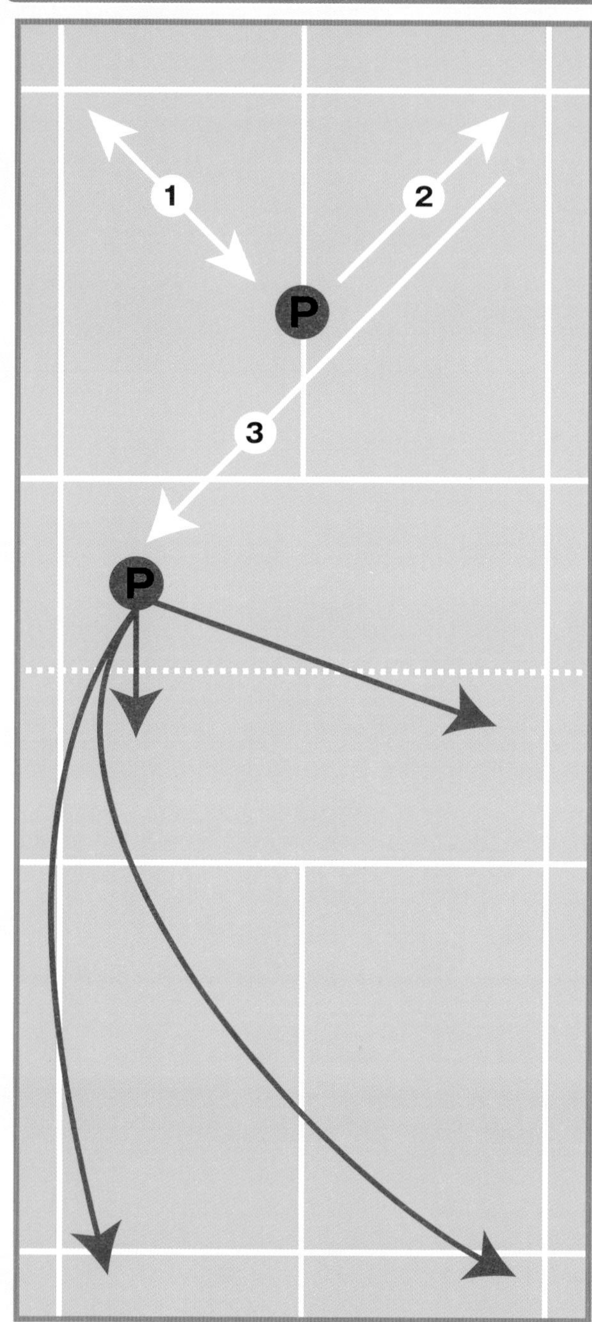

やり方

構えから、V字ラインでフォア側にさがる。そこでオーバーヘッドストロークで素振りし、構えに戻る。次に、バック側にさがって、再度素振り。その後、ネット際に落とされたと想定して、コートを斜めに横切るように前へ走り込む。その場で、ヘアピン、もしくはロブ（いずれもクロス、ストレート）の素振りを行う。

※Ⓟはプレイヤーを指し、⇨がプレイヤーのフットワークを指す。番号は、動く順番を示す。→は、返球の軌道を指す。

POINT 2

シャトルがある想定で動く

応用編1 後ろから前へのフットワーク

左ページの動きとほぼ同様だが、これはバックサイドに動く。V字ラインでフォア側にさがり、オーバーヘッドストロークで素振り。次にバック側にさがって再度素振り。構えに戻ったところで、バック側のネット際に落とされたと想定して、前に走る。シャトルをとらえたら、ヘアピン、もしくはロブ（いずれもクロス、ストレート）の素振りを行う。

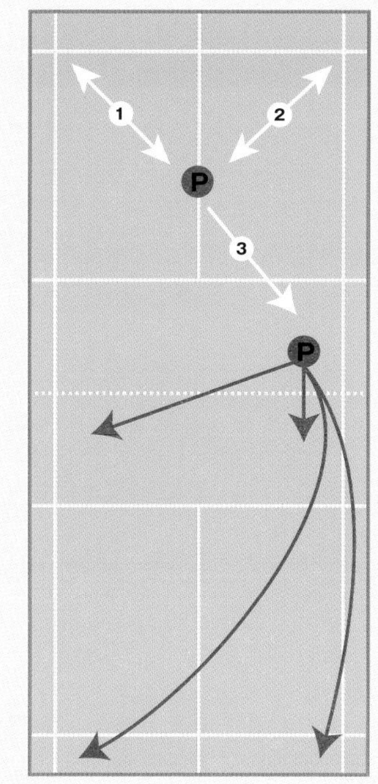

POINT 3

シャトルのスピードを意識

応用編2 ネット前に出るフットワーク

V字前のフットワークの応用編。ネット際に何度も落とされたと想定して行う練習だ。構えから、フォア側に出て素振りし、構えに戻る。その後、もう一度フォア側に落とされたと想定し、前に出て素振りをする。打つ方向は、ヘアピンをクロス、もしくはストレート。構えに戻り、バック側も同様に行う。

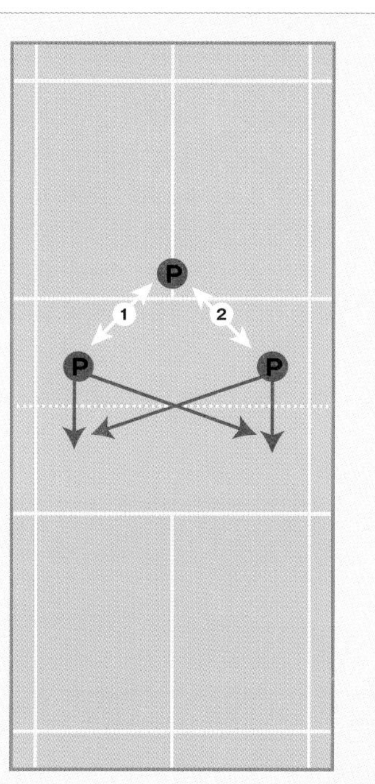

PART 3 フットワーク練習③

コツ 33

想定外の動きにもバランスを崩さない

想定練習に慣れたら、次は想定外の動きに対応できるよう練習することです。

体のバランスを崩さずに想定外の動きに対応する

フットワークの想定練習にも慣れてきたら、次はより実戦的にするために、ノックを加えます。シャトルがくると想定した場所に、実際にシャトルをトスノックであげます。プレイヤーは、そこで決められたコースへ返球するのです。

または、指示出し役を作り、ネット中央に配して、声やラケットで指示出しをするやり方もあります。プレイヤーは指示された通りに動きます。そうすることで、相手が想定したコースに瞬時に反応する能力を高めるのです。指示出しは、場所を指示してもいいですし、ショットの名前で指示しても構いません。**プレイヤーは思わぬ返球でもバランスを崩さずに体勢を整えることを意識しましょう。**

※Ⓟはプレイヤーを指し、⇨がプレイヤーのフットワークを指す。番号は、動く順番を示す。→は、返球の軌道を指す。

Check Point!

❶バランスを崩さず、体勢を保つ
❷出された指示に瞬時に従う
❸体が覚えるまで繰り返す

POINT 1 バランスを崩さないよう動く

やり方

構えからフォア方向に横に移動し、素振り後、構えに戻る。次に、バック方向に横移動し、また素振りした後、構えに戻る。その後、フォア側にロブがあがったと想定して、フォア側に移動、スマッシュ（クロス、またはストレート）で返球する。上級者向けには、ロブがあがったと想定するのではなく、実際にロブをあげて打たせる。

POINT 2 指示にすぐに対応する

応用編1 バック側でのロブからスマッシュ

左ページの動きのバック側。同様にフォア側に横移動し、素振りして構えに戻る。次にバック側に移動して素振りして戻る。その後、バック側にロブがあがったと想定して、バック側に移動し、スマッシュ（クロス、またはストレート）で返球する。これも同様に、ロブを実際にあげて打たせてもよい。また、返球のパターンもスマッシュだけでなく、ドライブにするなど変更してもよい。

POINT 3 繰り返し練習する

応用編2 打ち合いながらの練習

コートに２人ずつ入る。図の赤が後ろでスマッシュの素振りをした後、ネット前へ走り出てプッシュで返球する。図の青は赤が前に出たら、後ろにさがり、スマッシュの素振り後に前に出てプッシュで返球。青が前に出たら赤はさがる。これを両面で繰り返して打ち合う。返球はプッシュだけでなく、ヘアピンやロブなど、球種を変えてもよい。

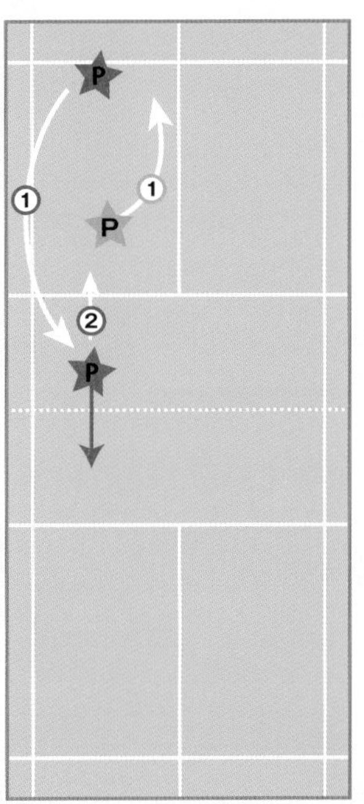

PART 3 コツ 34

ノック練習①

フットワークとストロークを覚える

ノックは同じことを何度も繰り返すことによって、体で覚えることができます。同時に頭でも意識しながら行うとよいでしょう。

Check Point!

❶オーバーヘッドストロークの基本を忘れずに打つ
❷半身になり、素早くシャトルの下に入る
❸打点を高く保つ

ノッカーのポイント
ダブルスのロングサービスラインの手前をねらう。あまり厳しい球だとスマッシュが打てないので、プレイヤーのレベルに応じて甘くあげるようにする。

プレイヤーのポイント
シャトルに頭を抜かれないように、素早く半身の姿勢をとる。そのためのフットワークを身に付けることと、フォアの場合は常に打点を高くすることを心がける。

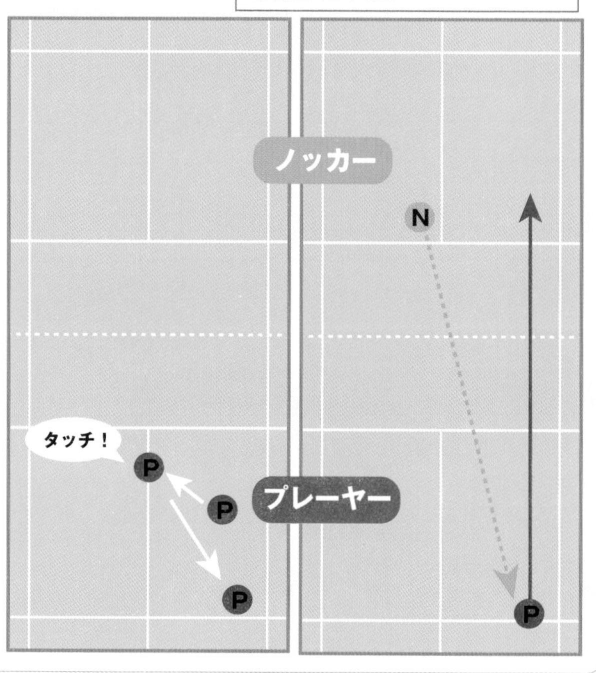

※Ⓟはプレイヤー、Ⓝはノッカーを指す。⇨はプレイヤーのフットワークを示し、→は返球の軌道。番号は、返球の順番、→はノッカーの投げるシャトルのラインを示す。

ストロークとフットワークを同時に習得する

ノック練習は、技術を習得するためにも、欠かせない練習方法です。**ストロークの基本を身につけ、シャトルに合わせて左右に移動し、フットワークを十分に使って体力を身につけることができるのです。**

このページでは、もっとも基本的なノック練習を紹介します。

プレイヤーがコート中央よりやや前方（センターラインとショートサービスラインがぶつかるところの手前）の床をラケットで軽くタッチ（上図左）。プレイヤーが床をタッチしたのを確認し、ノッカーはダブルスのロングサービスラインあたりにシャトルをあげます。プレイヤーはタッチ後、後ろへさがり、あがったシャトルに対しストレートにスマッシュを打ちます（上図右）。

POINT 1·2

基本にならって、半身から打つ

応用編 1

初級者にノックをする場合

左ページの応用編で、初級者がノックに慣れてきてから最初に行うのがこの練習だ。ストレートを14本（左図）、次にクロスを14本（右図）など、ノックの本数を決め、ねらったところに適切に返す練習。始めはストレート、クロスと順番に打ち、慣れてくれば交互やランダムに打ちわける練習も行う。

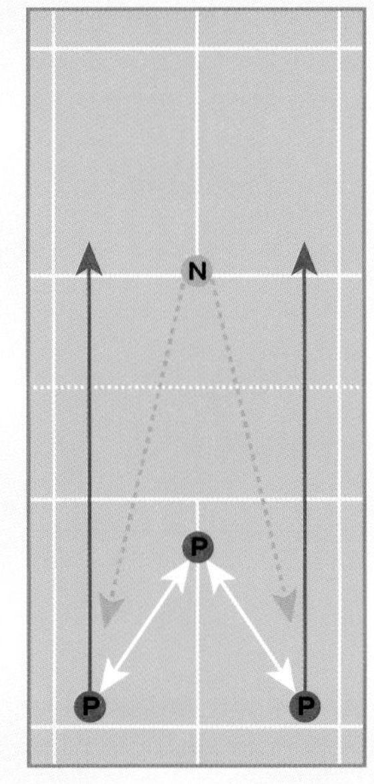

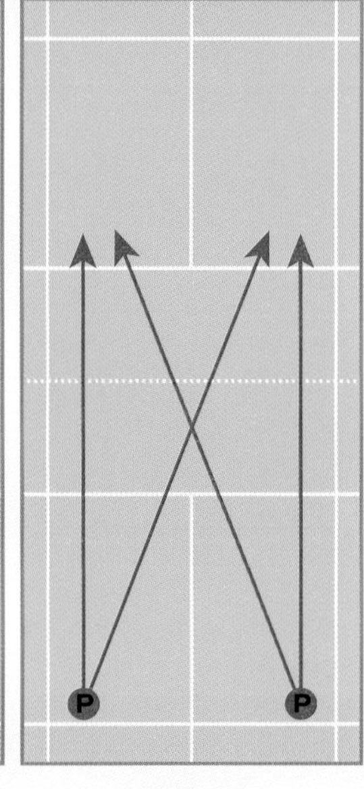

POINT 3

高い打点を意識する

応用編 2

上級者にノックをする場合

さらに上級者は、球種を様々に変える。単純に返すのではなく、同じ姿勢からストレートとクロスを打てるように意識する（左図）。また、スマッシュをクリアーに変える（この場合もストレートとクロスの二種類行う）一本目クリアーを打ち、二本目をドロップ、カット、リバースカット等で打つ（右図）。

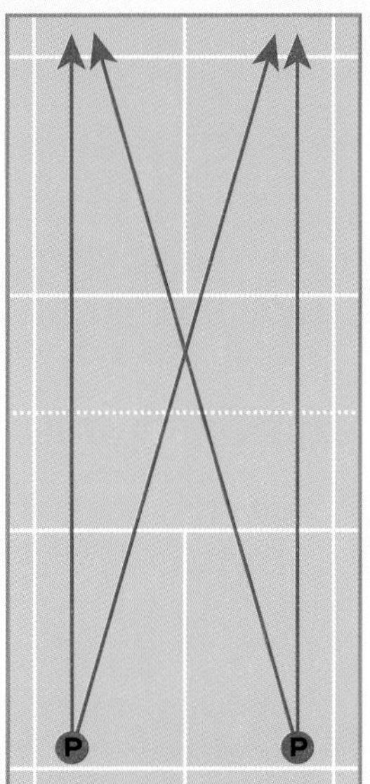

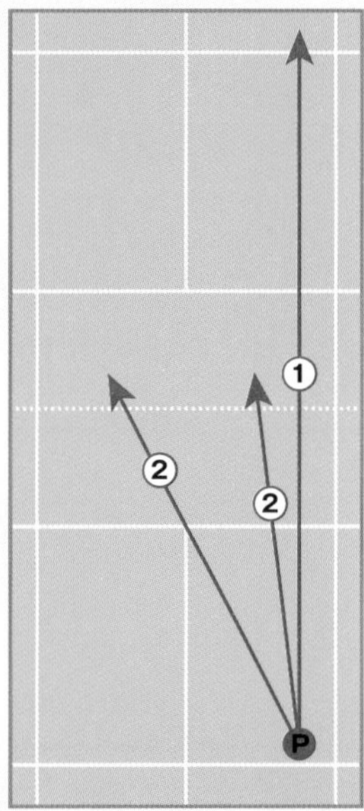

PART 3

コツ 35

ノック練習②

足を踏み込み バランスよく打つ

前に踏み込んで打つ練習。簡単なようでバランスを崩しやすいので、ポイントを意識して練習しましょう。

Check Point!

❶前に出たら、最後の足をしっかり踏み込む
❷頭をさげずに、胸を張る
❸バランスを崩さないよう、上半身を保つ

ノッカーのポイント
初心者には前に出るタイミングをみて、リズムよくシャトルを出すようにする。そうすることで、ネット前に踏み込んで打つ姿勢を覚える練習となる。

プレイヤーのポイント
ネット前に出る際、最後の足はしっかり踏み込むこと。そのとき、頭はさげないで、胸をはるようにし、身体全体のバランスを崩さないようにする。

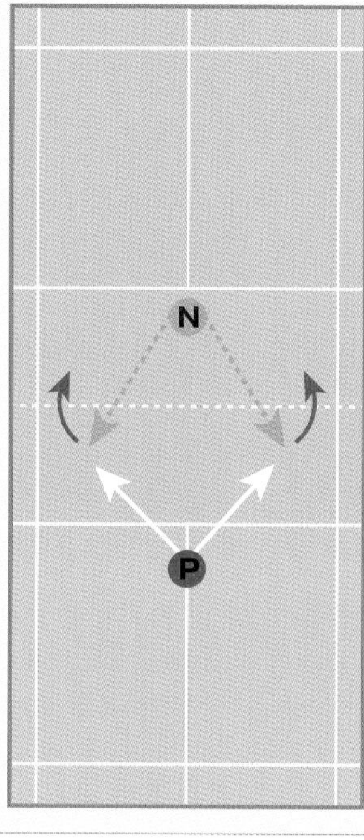

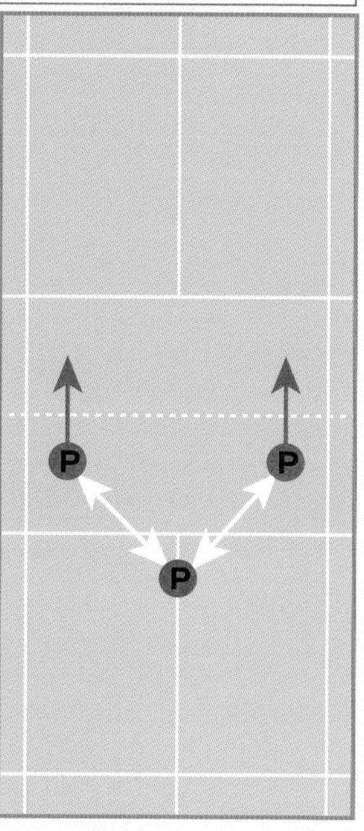

※Ⓟはプレイヤー、Ⓝはノッカーを指す。⇨はプレイヤーのフットワークを示し、→は返球の軌道。番号は、返球の順番、→はノッカーの投げるシャトルのラインを示す。

上半身を保ってバランスよく踏み込む

ノックの基本的なポイントは、まずノッカーが上級者であるということ。**的確な位置に、的確なタイミングでシャトルを投げてこそ、有効なノック練習ができます。そのため、初心者同士でのノック練習は行いません。指導者もしくは、上級者にノッカーをやらせることが大切です。**

このページでは、ネット際に踏み込んで打つ練習を紹介します。ノッカーがネット前中央に立ち、シャトルを手で反対コートのネット際に投げ入れます（左図）。

プレイヤーはショートサービスライン中央の少し後ろに構え、ノッカーの投げたシャトルのタイミングに合わせてネット際まで踏み込み、ストレートにヘアピンで返します（右図）。

POINT 1·2

上体を倒さず、最後の足を踏み込む

応用編 1

初級者にノックをする場合

ヘアピンができれば、球種をロビングに変えてみる。さらに、交互にフォアとバックにそれぞれストレートで返す（左図）練習、また同じようにクロスで返す（右図）練習をする。ロビングを打つ際は、コンパクトにラケットを振る等のラケットワークに気をつけると相手に読まれづらいショットを打つことができる。読まれないことを常に意識して練習しよう。

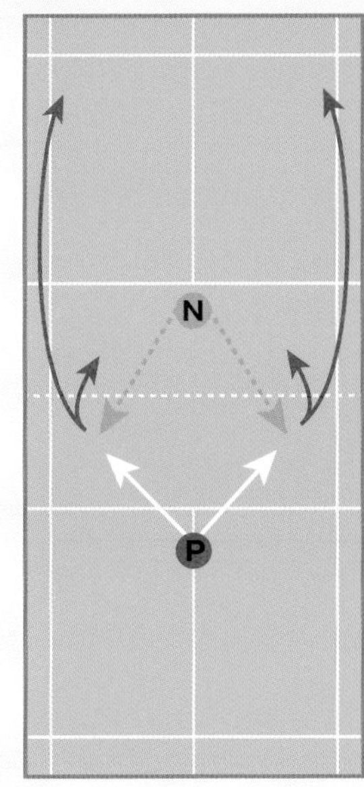

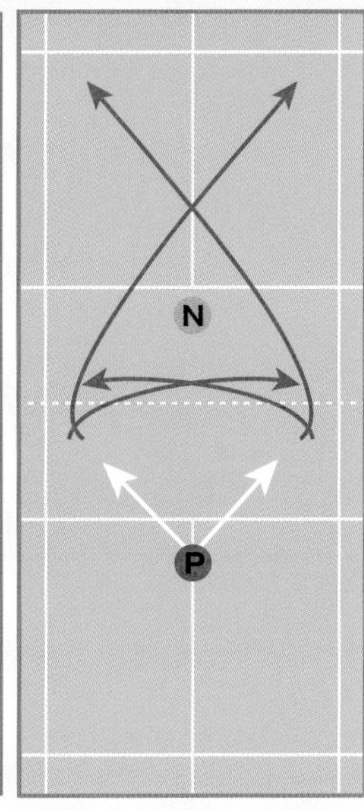

POINT 3

上半身をキープして打つ

応用編 2

上級者にノックをする場合

ヘアピン、ロビングから球種を増やし、攻撃的なロブ（アタックロブ）やプッシュの練習をする（左図）。さらに、ノッカーは不規則に手早くトスノックし、プレイヤーはそれに対応するよう動く。また、ノッカー自身もコート内を動きながら行うことで、より実戦に近い練習ができる（右図）。

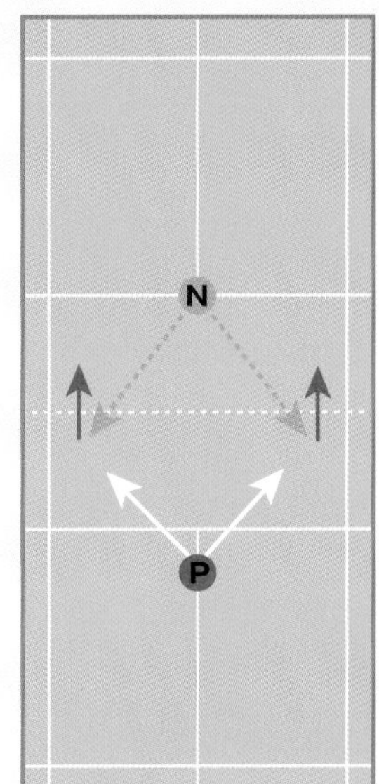

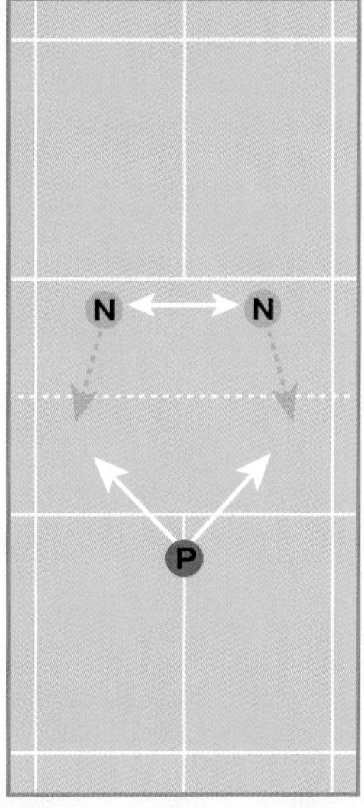

PART 3

コツ 36

ノック練習③ ヘアピンは低く返し素早く動く

次はP76とP78を組み合わせたノックです。シングルスは前後に動いてシャトルを拾うため、フットワークに注意して練習しましょう。

Check Point!

❶ヘアピンは高くあげない
❷後方にさがる際は、体勢を整えつつ、素早く動く
❸インパクトの瞬間までコースを読まれないようにする

ノッカーのポイント
早く出しすぎてはプレイヤーが追いつけないので、スマッシュを打つ形を作るのに間に合うタイミングを見てシャトルをあげるようにする。

プレイヤーのポイント
ヘアピンは高くあがるとショットを打たれてしまうので、しっかり面を合わせてネットから浮かないようにする。

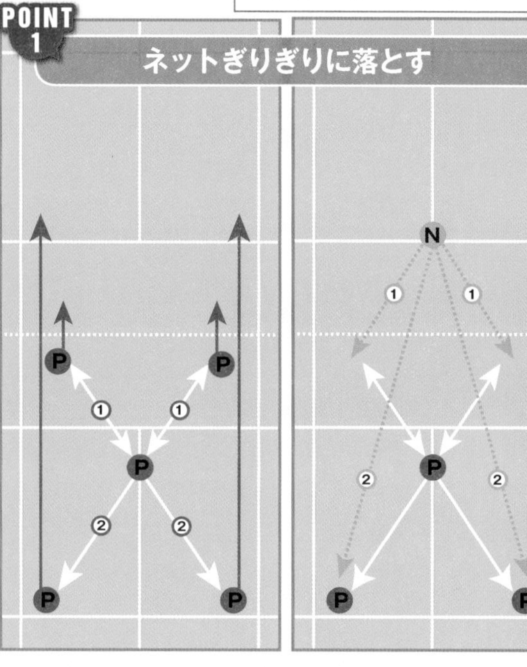

※Ⓟはプレイヤー、Ⓝはノッカーを指す。⇨はプレイヤーのフットワークを示し、→は返球の軌道。番号は、返球の順番、→はノッカーの投げるシャトルのラインを示す。

上半身を保ってバランスよく踏み込む

単発的なノックだけでは上達しません。慣れるまでは、規則的なリズムで行っても、その後は変則的なリズムで球を出すことが大切です。そうすることで、より実践的な練習となります。

このページでは、P76とP78で紹介したノックを組み合わせた練習をします。

ノッカーは、ショートサービスラインのすぐ後ろに立ち、ネットの向こうへシャトルを落とします（上図右①）。それをプレイヤーがヘアピンで返したのを見計らい、後方へシャトルをあげます（上図右②）。プレイヤーはネット際に落ちて来たシャトルをヘアピンで返し（上図左①）、すぐに後ろにさがって（上図左②）ストレートにスマッシュを打ちます。フォア、バックを行います。

POINT 2

体勢を崩さず、素早く動く

応用編 1

初級者にノックをする場合

シャトルをラウンドへあげてもらう。スマッシュを打ったらすぐに真ん中へ戻ってきて、ネット際のシャトルをヘアピンで返球することを繰り返す（右図）。また、フォア、もしくはバックのどちらか一方にさがるかを決め、スマッシュをストレートだけでなくクロスに打つ（左図）。

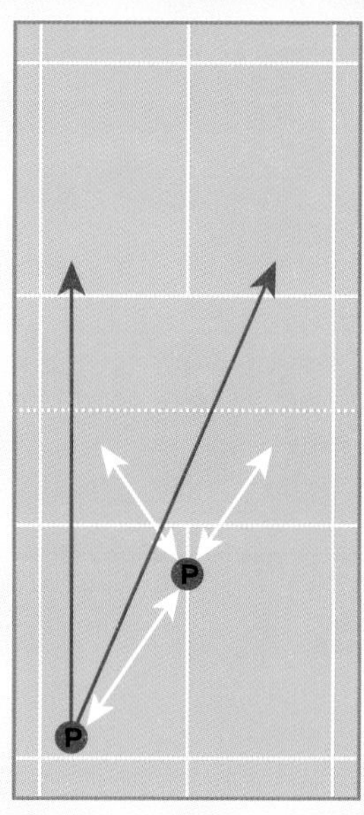

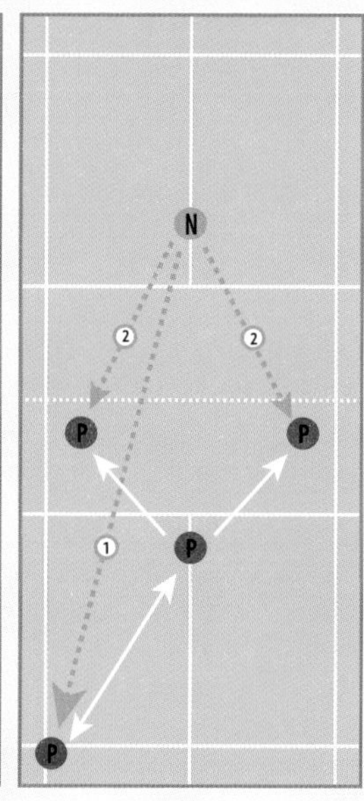

POINT 3

コースを読まれないように意識

応用編 2

上級者にノックをする場合

ノッカーはプレイヤーが前へ出てヘアピン（左図）、後ろへ下がってスマッシュ（右図）するよう、フォアとバックにランダムで出す。また、スマッシュを打つ際、クロスとストレートの打ちわけを、同じ姿勢で行うよう意識すると、相手が読みづらいスマッシュを打つことができる。

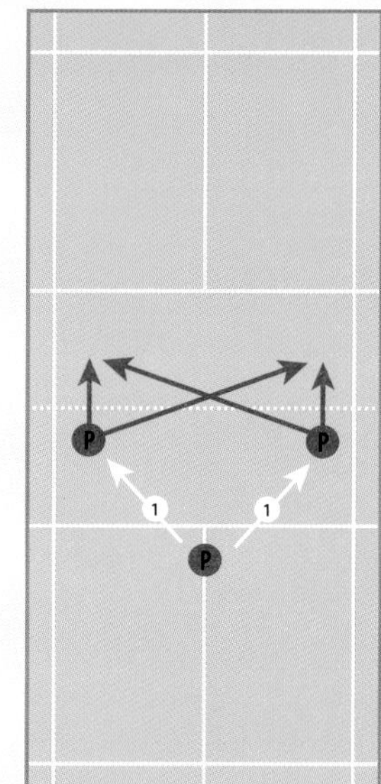

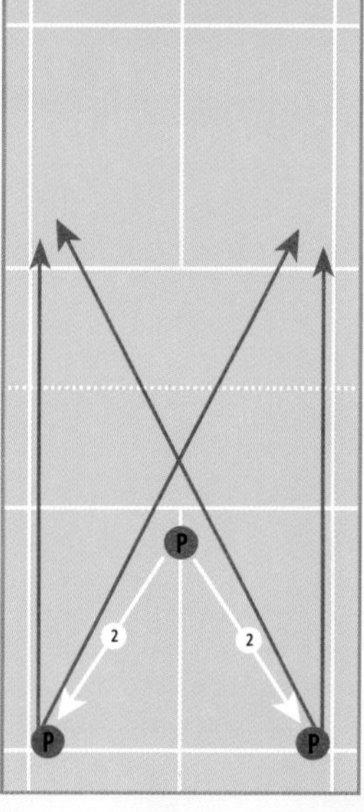

PART 3 コツ 37

ノック練習④ 素早く半身になりスマッシュ後は前へ

P80のノックとは逆に、後ろから前という流れの練習。スマッシュを打ってその勢いで前に出てプッシュを決めましょう。

Check Point!

❶素早く半身をとり、高い打点でスマッシュを打つ
❷素早いフットワークで前に出る
❸シャトルをしっかりと見てプッシュする

ノッカーのポイント
プレイヤーがスマッシュを打てるタイミングであげるのはもちろん、その後のプレイヤーの動きをしっかり見て、タイミングよく次のシャトルをあげる。

プレイヤーのポイント
後ろへさがる際は、シャトルに頭を抜かれないように、素早く半身の姿勢をとる。スマッシュ後のプッシュはしっかりシャトルを見てラケットを合わせて打つ。

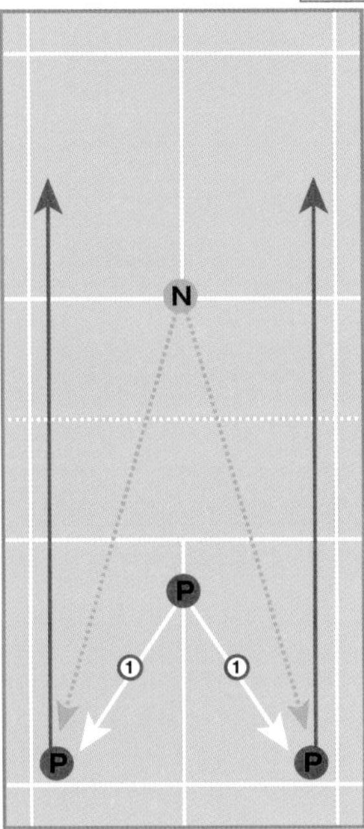

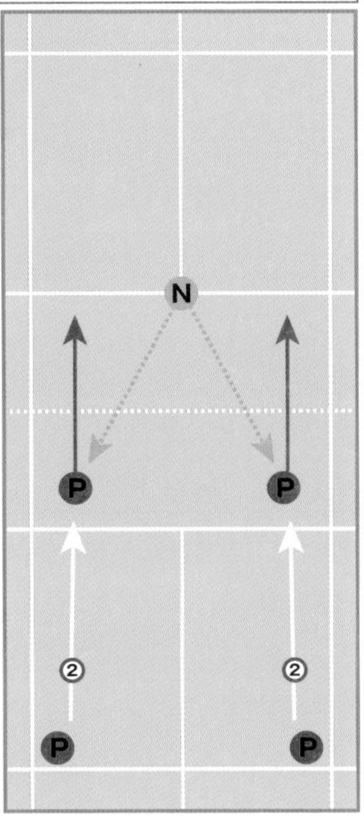

※Ⓟはプレイヤー、Ⓝはノッカーを指す。⇒はプレイヤーのフットワークを示し、→は返球の軌道。番号は、返球の順番、→はノッカーの投げるシャトルのラインを示す。

半身をとり高い打点でスマッシュ

今度は前のページで行ったノックの逆バージョンです。後ろから前に移動します。

ノッカーは後ろへシャトルをあげ、それをプレイヤーがストレートにスマッシュで返します（上図左）。ノッカーはそれを確認してからネット前に球を出し、プレイヤーがそれを前に踏み込んでプッシュを打ちます（上図右）。

限られたスペースで行う場合は、半面ずつ使い２人同時に練習します。センターラインを挟んでプレイヤー同士が横に並び、さらに打つ方向が同じになるように注意します。ストレートならば、プレイヤー２人とも、ストレートで打つのです。**スマッシュをねらう場所を決め、そこにコーンなどを立てて置くとねらいがつけやすいでしょう。**

POINT 1·2

素早く動き、高い打点でスマッシュする

応用編 1

ダブルス想定練習

プレイヤーは、1球目はスマッシュ（左図）で、2球目はドライブ（右図）を打つ。これは特にダブルスに多いパターンで、それを想定した練習になる。プッシュとドライブは打つ位置が少し違うので注意しよう。この練習では、ダブルスの攻撃練習にもなるので、相手を攻めることを意識して練習してみよう。

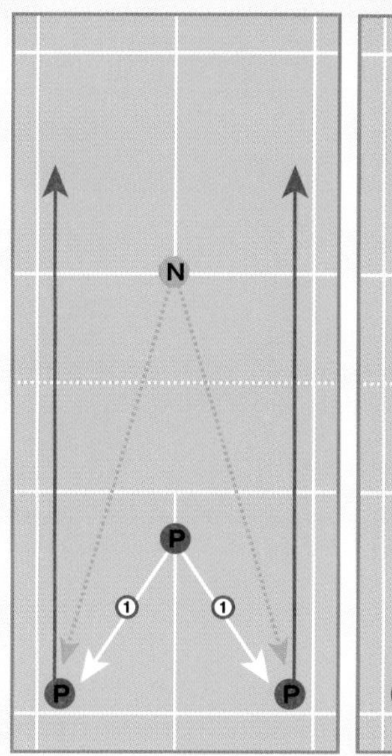

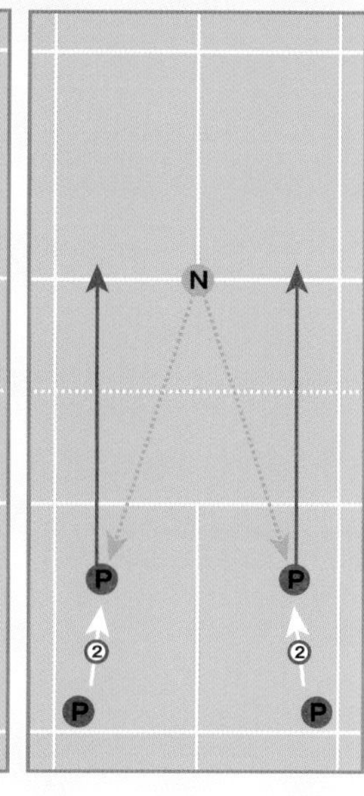

POINT 3

シャトルを見てプッシュする

応用編 2

ラケットノックからラリーへ

ノッカーがしっかりシャトルを返すことのできる上級者であれば、プレイヤーの打ったスマッシュをそのままレシーブし、ラリーを続けてもよい（左図）。ノッカーもノックを上げるだけでなく、プレーヤーと同様に動き、コースを考えることでより密度の高い実戦練習となる（右図）。

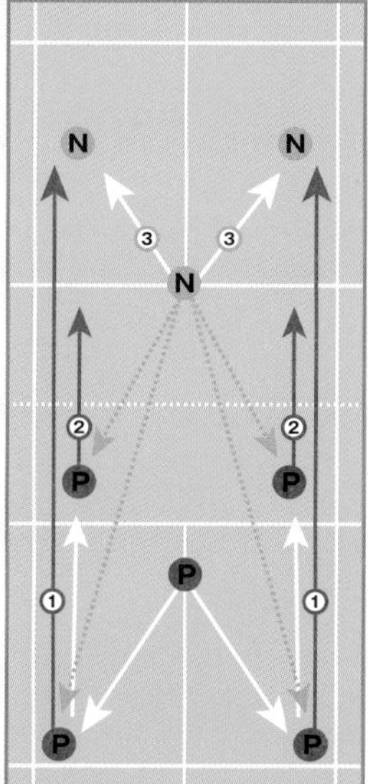

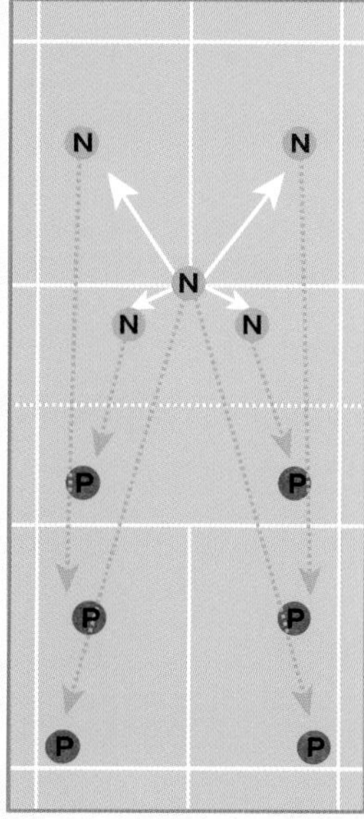

PART 3

ウォーミングアップのコツ①

コツ 38

腰、ヒザ、股関節の柔軟性を高める

筋肉を温めるためにもウォーミングアップは大切です。ランニングやストレッチの後に、紹介するステップ運動を取り入れましょう。

関節の柔軟性を高めケガを予防する

ウォーミングアップは、柔軟性を高め、練習中のケガを予防するためにも、練習の準備として体をほぐすためにも大切なものです。一般的に部活動では、まずはストレッチで体をほぐしてから、ランニングを行い、その後、練習に入るという流れが多いようです。

ここでは、ランニング後、もしくはランニングの代わりとして使えるステップ運動を提案します。

ステップ運動は、継続して行うことで、腰回りや股関節、ヒザの関節の柔軟性を高める効果があります。また、試合で使う動きを同時に身につけることができます。

いくつかのパターンを連続して、20分程度行いましょう。

Check Point!

❶目線は正面を向けたまま行う
❷足は大きく踏み出し、素早く動く
❸上半身は動かさず、下半身だけで移動する

送り足ステップ

①左足を大きく出す。体より外側に足をつく。視線はまっすぐ前。

❷右足を左足にひきつける。上半身は動かさないように気をつけよう。

❸次に、右足を大きく踏み出す。この際も、体よりも外側に足がつくようにする。

❹左足をひきつけ、①に戻る。また、同様に後ろにさがるステップも行う。

サイドステップ

❶左足を左斜め前に出す。送り足ステップ同様、上半身は動かさず、目線はまっすぐ。

❷右足を左足にひきつける。斜め横に進んでいくイメージで足を動かそう。

❸次に、左足を左斜め前に大きく出す。上半身は動かさないこと。

PART 3 コツ 39

ウォーミングアップのコツ②

ステップを増やし複合的に体を動かす

ステップをいくつか組み合わせたステップで、さらに動ける体を作ろう。ここでは、複合的なステップを紹介します。

組み合わせたステップで柔軟性を高める

コツ38で紹介した単体のステップを行った後は、複合的なステップを行います。
単体で行うステップは、ここでは紹介しきれませんでしたが、ほかにもクロスで移動するものや、足をあげて進むステップやモモあげステップなど、多数にあります。それらを組み合わせて、さらに体を温めます。

いずれも合わせて20分程度を目安に行います。

バドミントンは、大きく足を踏み出し、体を支える動きが多いため、股関節を痛めやすいスポーツです。そのため、このページで紹介するような股関節を温めるステップは積極的に取り入れたいものです。右の回旋ステップは、足を股関節から回すステップのため、特に有効です。

Check Point!

❶上半身は動かさない
❷足の付け根を大きく旋回させる
❸モモが床と平行になるようにあげる

回旋ステップ

①回旋とは回すこと。右足をヒザを曲げながら右方向にあげる。

POINT 1 上半身は動かさない

POINT 2 足のつけ根を大きく回す

❷あげた右足を内側に回しながら腹前にヒザがくるよう動かす。視線はまっすぐ前。

❸体の中心より左側に右足をつく。足のつけ根を大きく回転させるイメージだ。

❹左足も同様に行う。これを繰り返し、前に進んでいく。上半身は動かさないこと。

❶ヒザが垂直になるように曲げ、モモをあげる。モモは床と平行になるように。

❷右足を降ろし、反対足もあげる。早いスピードで繰り返し、前に進んでいく。

❸半分ほど進んだら、足を肩幅に開き、そのままの姿勢で足先だけを小刻みに動かす。

PART 3 クールダウンストレッチ

コツ40 ストレッチで筋肉の疲れをとる

練習後は、必ずストレッチをし、体をクールダウンさせることが大切です。筋肉や体の疲れを軽減させることができるのです。

Check Point!
❶クールダウンで疲れをほぐす
❷使った筋肉を中心に伸ばす
❸部全体でできない場合は個人で行う

疲れを軽減させるストレッチは入念に行おう

練習が終わった後は、クールダウンのためのストレッチを行いましょう。**激しい運動の後では、筋肉が疲れています。その筋肉の疲れを軽くするために、クールダウンストレッチを行うのです。**体育の授業の後の、整理運動だと思ってください。ここではバドミントンで使われる筋肉を重点的にストレッチし、さらに効果を高めます。

ストレッチ①
右足を曲げて、左足は伸ばしたまま座り、ゆっくりと背中を床につける。太モモの前面を伸ばす。反対も同様に行う。

ストレッチ②
床に手をついて座り、左足首を右ヒザに乗せる。腕と背スジを伸ばすこと。モモの外側を伸ばす。反対も同様に行う。

ストレッチ③
開脚して、左足は内側に曲げる。右足先を両手でつかみ、手前に引っぱる。ふくらはぎと肩を伸ばす。反対も同様。

ストレッチ④
足を伸ばして座り、左ヒザを曲げて、右足にクロスさせる。右手は左ヒザの外側にそえ、腰をひねる。背スジは伸ばしたまま。反対側も同様。

ストレッチ⑤
仰向けに寝て、右足を伸ばし、もう左足を曲げて右足の外側に倒す。肩があがらないように注意。腰と肩周りを伸ばす。反対も同様に行う。

ストレッチ⑥
片ヒザ立ちになり、後ろ足のツマ先を持ちあげる。持ちあげた足のカカトが尻につくようなイメージ。背スジは伸ばして行う。反対側も同様。

PART 3 筋力トレーニング

コツ41 インナーマッスルを鍛え体を中から作る

埼玉栄でも実践しているいくつかの簡単なトレーニングを紹介。練習の合間に取り入れ、体の内側の筋肉を鍛えます。

Check Point!
❶本格的なトレーニングは必要ない
❷インナーマッスルを鍛える
❸体の内側を鍛え、運動能力を向上させる

インナーマッスルを鍛えスムーズな動きに

成長期の中高生にとって、器具を使った本格的なウエイトトレーニングは必要ないといわれています。とはいえ、インナーマッスルと呼ばれる、体の内側にある筋肉は姿勢を保ったり、動きを補佐する役割があります。**外側の筋肉を鍛える必要はありませんが、インナーマッスルを鍛えておくと、パフォーマンス向上につながります。**

股関節トレーニング①
股関節を3方向に屈曲させるのが目的。仰向けに寝て片足をゆっくりとあげ、ゆっくりとおろす。おろした際に、足は床につけない。ツマ先の方向を変えて、左右10回ずつ行う。

股関節トレーニング②
横向きに寝て上の足をゆっくりとあげ、ゆっくりとおろす。これも、①のトレーニングと同様、ツマ先の方向を変えて、左右10回ずつ行う。

POINT

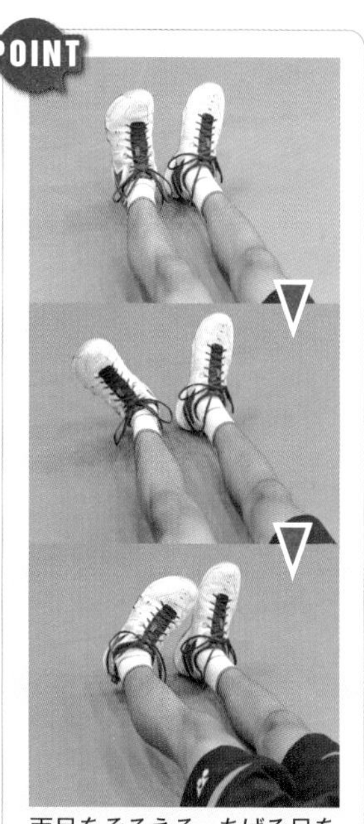

両足をそろえる、あげる足を外側に開く、あげる足を内側に向けるの3パターンの足であげさげする。

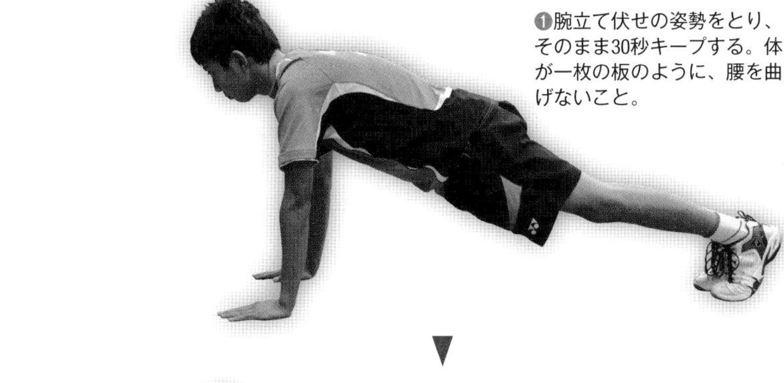

❶腕立て伏せの姿勢をとり、そのまま30秒キープする。体が一枚の板のように、腰を曲げないこと。

❷左手を肩の高さまで前方にあげる。体は①の姿勢のままで、30秒キープ。手を交代して、反対の手もあげる。

あげた足は床から少しでもあがっていればOK。そのかわり、しっかり動かす。

❸①の腕立ての姿勢に戻り、次に左足を床から少しだけあげ、左右に振る。大きく左右に振る必要はないが、体勢が崩れたりしないよう注意。反対の足も行う。

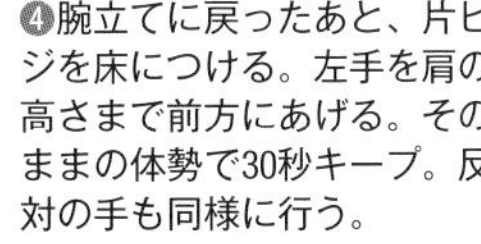

❹腕立てに戻ったあと、片ヒジを床につける。左手を肩の高さまで前方にあげる。そのままの体勢で30秒キープ。反対の手も同様に行う。

•••● column3 ●••

バドミントン用語集

あ	**アンダーハンドストローク**	腰よりも下で打つことを指す
	イースタングリップ	グリップの持ち方で、一番最初に覚えるべき握り方
	インターバル	試合において、ゲームとゲームの間の時間。指導者のアドバイスを受けたり、水分補給を行える
	インパクト	シャトルがラケットにあたった瞬間を指す
	オーバーヘッドストローク	頭上の高い位置でシャトルを打つこと
か	**カット**	ラケット面でシャトルを切るように打つ方法
	グリップ	ラケットの握り方、握る場所
さ	**サービス**	ラリーを始める第一打目のショット
	サービスコート	サービスを入れるべき場所を指す。シングルスとダブルスでは大きさが違う
	サイドアームストローク	体の横で打つこと
	サイド・バイ・サイド	ダブルスにおいて、横に並ぶフォーメーション
	サムアップ	親指をグリップに沿わせるように立たせること
	シングルス	1対1の試合
	スイング	ラケットの振り方
	ストリングス（ガット）	ラケット面に張る糸
た	**ダブルス**	2対2で行う試合
	トップ&バック	ダブルスにおいて前後に並ぶフォーメーション
な	**ノック**	練習で打たせるために、手で投げたりラケットで打ったりしてシャトルを出すこと
	ノッカー	ノック練習で、シャトルを出す人
は	**フォルト**	反則行為のこと。相手側の得点となる
ら	**ラリー**	シャトルの打ち合いを指す

試合を勝ち抜くための戦術・セオリー

PART 4

必要なテクニックをマスターしても、
戦術やセオリーを理解していなければ、
相手に勝つことはできない。
ルールをしっかり頭に入れ、コートに立とう。

PART 4 シングルス　勝利の法則①

コツ 42 まずはルールを把握することから

Check Point!

❶シングルスの基本ルールを覚える
❷シングルスのコートの広さを理解する
❸シングルスのサービス権の取り方を覚える

シングルスで勝つために重要な3つのポイント。まずは1つめのポイントとなる、「基本のルールを覚える」ことから始めましょう。

広いコートを1人で守り、攻めるため、サービスが大切となる。

基本ルールを把握することから始まる

1対1で行うシングルスは、自分一人でシングルスのコートを守らなくてはなりません。そのため、体力の消耗が激しいもの。自分に有利な状況を作るためには、サービスではどこをねらうか、ラリーになったらどこへシャトルを落とすかなどを考えて相手を動かすことが重要です。

シングルスで勝つために意識しておきたい点は、大きくわけて3つ。**まずはシングルスの基本ルールをおさえ、シングルスの特徴をつかみましょう。**

サービスはシングルスでは、重要なカギとなります。ねらいをつけ、相手を動かします。最後にラリーの最中に相手を動かすことのできる配球や決まったパターンを覚えることです。

POINT 1 シングルスの基本ルール

試合は、通常ラリーポイント21点の３ゲームマッチで、２ゲーム先取したほうが勝ちだ。コートチェンジはセットごとに行われる。またポイントは、ラリーポイント制なので、サーブのミスでも点数が入ってしまう。そのため、スピーディーで緊張感のある展開となるのがバドミントンの特徴だ。
サービス権は主審によるコイントスやプレイヤーがじゃんけんをして決める。サービス権でなければサーブ権、レシーブ、エンドの3つから1つを選択することができる。
ゲーム間には、インターバルがもうけられ、その間は水分補給やコーチのアドバイスを受けられる。
ネットを越えてシャトルを打った、ネットに触れたなど、フォルトと呼ばれる違反行為をすると、相手に得点が入る。

POINT 2 シングルスのコートとは

シングルスのコートは、サイドは内側のシングルスサイドラインまで使う点とサービスエリア（図のオレンジ色エリア）がダブルスとは異なる。サーブは図のように右コートなら反対側の右コート、左なら左に入れる。

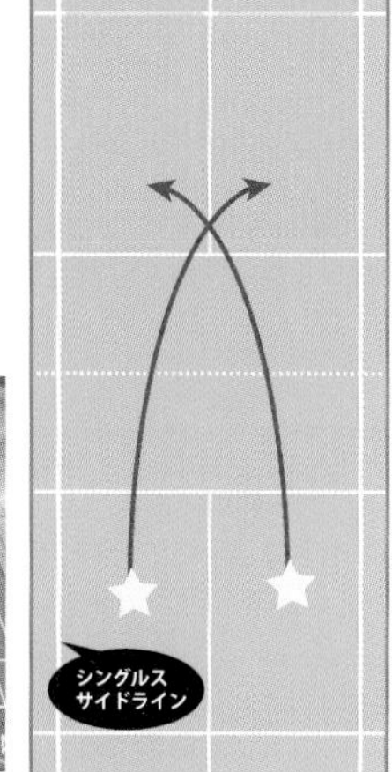

POINT 3 シングルスのサーブとサーブ権

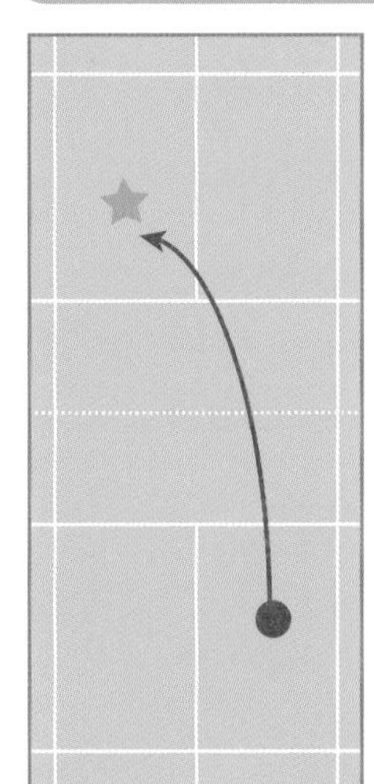

●からサービス。サーブ権をとった方のプレイヤーが右側から反対コートの右側へサービス。

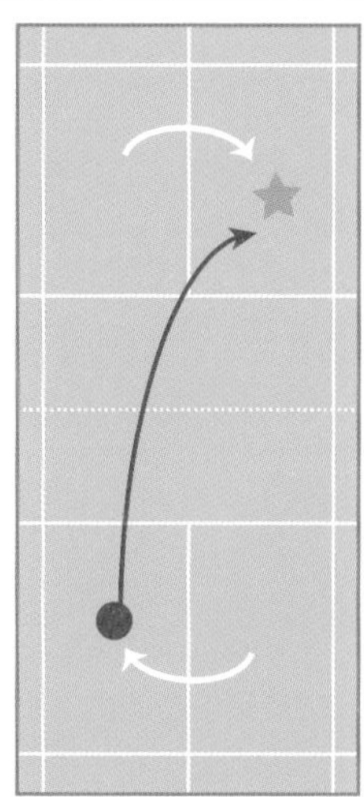

●にポイントが入る。点が入り「1－0」奇数点になると、移動して左側コートからサービスする。

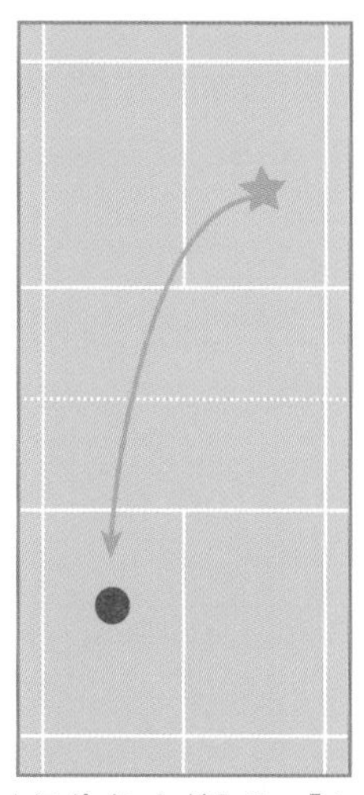

★にポイントが入る。「1－1」でサーブ権が●から★へ移動すると、奇数点なので左側からサービスする。

PART 4

シングルス　勝利の法則②

ロングハイサービスでコースをねらう

Check Point!

❶基本はロングハイサービス
❷センターライン内側をねらう
❸サービスの返球を考えて打つ

サービスとは相手にサービスすることが始まりです。そのため、シングルスの場合は最初の守りになります。

広いコートを1人で守り、攻めるため、サービスが大切となる。

基本はロングハイサービスで後ろにさげる

バドミントンはラリー制なので、1本1本のサービスも試合の重要なカギとなります。また、広いコートを1人で守り、1人で攻撃するため、シングルスの場合は、サービスが最初の守りの球となり、非常に重要なポイントとなります。

シングルスの基本は相手を大きく後ろにさげるロングハイサービスです。最近では、攻撃的な試合運びの多い男子の試合ではショートサービスが多用されていますが、女子や中学生ではまだロングハイサービスを用いる人が多いでしょう。無理にショートサービスを使っていく必要はありませんが、レベルがあがるにつれて、ショートサービスを使う選手がいることを覚えておくとよいでしょう。

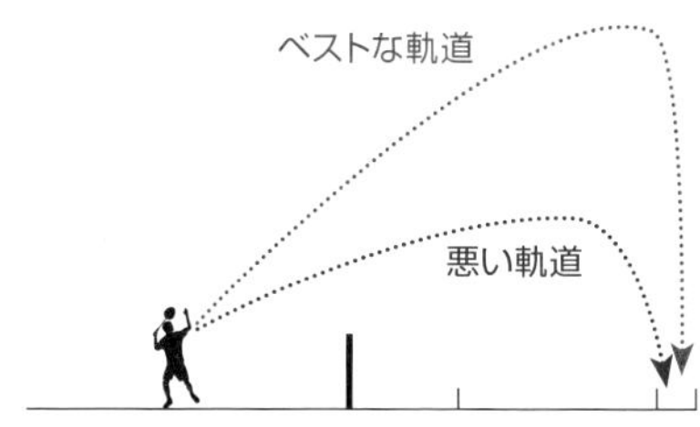

高く打ちあげる

シングルスのサービスの基本はロングハイサービスだ。このとき最も注意しておきたいのが高さ。上図の「悪い軌道」のような軌道では、エンドラインに届くまでに打ち返されてしまうし、甘くあがった球はすぐにスマッシュを打たれてしまう。高く後ろまでのびるようなロングハイサービスを身に付けよう。

POINT 2 センターライン内側をねらう

シングルスの試合でロングハイサービスをする際、もっとも効果的な場所は下の図のように、それぞれよりセンターラインに近い内側の場所だ。これによりレシーバーの返球の軌道が限定され守りやすくなる（詳しくはPOINT3を参照）。なお、ショートサービスの場合もセンターライン近くがねらい目。

POINT 3 返球される位置を考えてサービス

POINT2のようにセンターライン近くにサーブを落とした場合、サーバーは二球目の守りがしやすくなる。図のようにレシーバーが★の地点からと、●の地点から返す場合、★からの軌道の方が、よりサーバーの位置（図内P）に近くなることがわかる。そのため、サーブをセンターライン近くに落すように狙えば、レシーバーから飛んできた二球目のシャトルをより近くでとらえることができる。

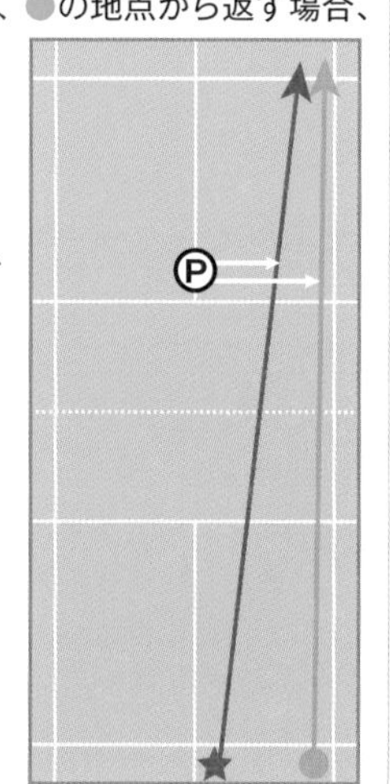

ココに注意!

〇 打ちにくい

シャトルの落ち方も大切だ。地面に対し垂直に落下するシャトルは、コルク部分がラケットの面と合っていないので打ちにくい。

× 打ちやすい

反対に、斜めに飛んできたシャトルはコルク部分がラケットに面に当たりやすく打ち返しやすいのだ。高くあがり、エンドラインで垂直に落ちてくるのが理想的。

シングルス　勝利の法則③

コツ+α 同じ体勢から違うショットを打つ

Check Point!
❶相手をクロス、または対角線上に走らせる
❷相手に隙を作らせる返球をする
❸自分の打つコースを読まれないようにする

シングルスでは、相手をいかにして走らせるかがカギとなります。考えながら打ち合い、有利に試合を進めましょう。

相手の苦手とする返球をしたり、疲れさせることが勝利の秘訣。

体勢を変えずに違うショットを打つ

シングルスで勝利するために大事なことは、相手の特徴を見極め苦手なコースをねらったり、相手を動かして疲れさせることです。

たとえば、足が速い選手は、様々なコースをねらってもすぐに追いついてしまうため、同じところを何度もねらってみます。また、手足の長い選手は左右に振られると強いので、ボディーをねらってみるのも効果的でしょう。

球種ごとに違う態勢で打つと、すぐに相手に何がくるのか読まれてしまいます。うまい選手ほど同じ態勢からさまざまな球を打つことができるもの。なるべく同じ姿勢から多くのショットを打つことがゲームを制するためのコツでもあるのです。

POINT 1

クロスに走らせるのが基本

相手のラウンド（図の③）を攻めるのが効果的。その場合、③と②の距離が一番長いので、このコースをねらうようにすると、相手が走る量も多くなり甘い球をたたくことができる。

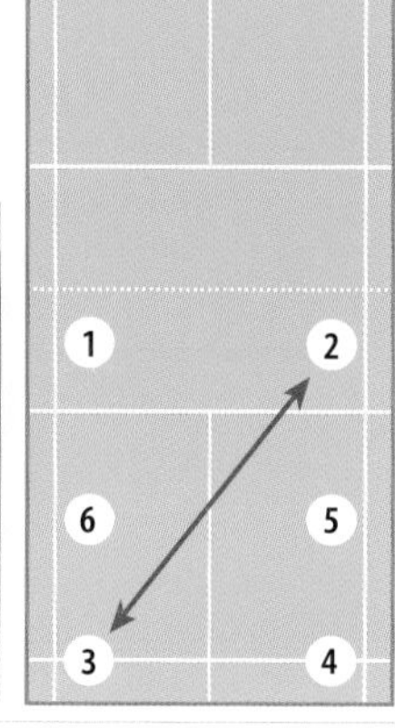

対角線上に動かし走らせる

シングルスでは相手との駆け引きも大切だ。よくあるパターンとしては、サービス後に、ハイクリアーを打つ。その後、対角線上にドロップを打つ。走る距離が一番多く、相手を動かしてゆさぶることができる。

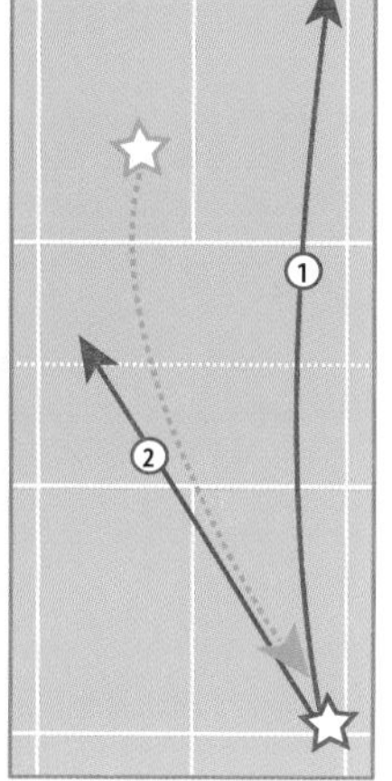

POINT 2

相手に隙を作らせる

打ちやすいフォアを意図的にねらって返球し、相手が強い球を打ち返したら、頃合いを見て反対側のあいたところを攻める。相手にチャンスを与えて、自分も甘いところを見つけ出すのだ。

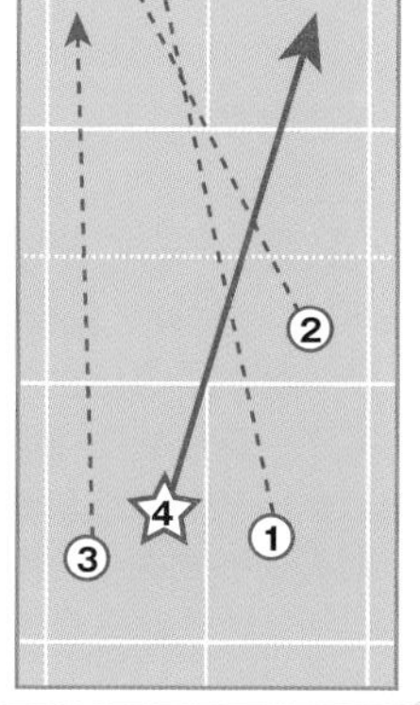

POINT 3

コースを読まれないこと

コースを読まれないように、同じ体勢で打ち返すことが大切。相手がストレートにスマッシュを打ってきたら、クロスにリターンする。逆に、クロスに打ってきたら、ストレートにリターンする。

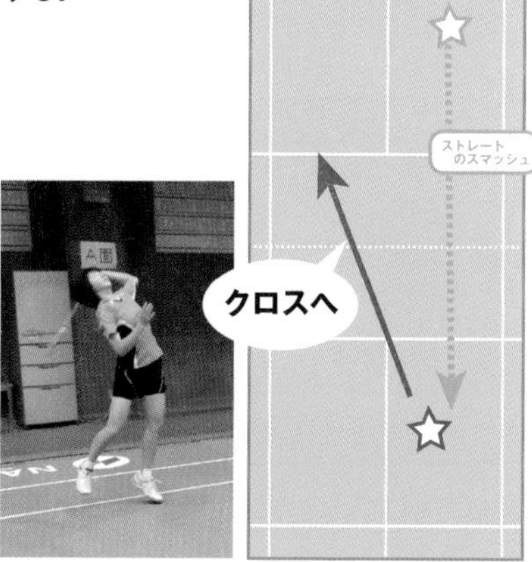

PART 4　ダブルス　勝利の法則①

コツ43 コートの大きさ サービスを知る

テンポが早く、シャトルの回転が速いダブルス。まずは、コートの大きさから知り、その広さを把握しよう。

ダブルスでは、コート内に空きスペースができにくいのも特徴。

サイドラインとロングサービスラインまで使う

2人1組になって戦うダブルスでは一つのコートを2人で守るため、1人の運動量はシングルスに比べれば少ないでしょう。しかし、シャトルのタッチが速くなります。また、コート内を2人で守るため、空いているスペースができにくく、攻撃する側と守る側の役割がはっきりしやすいことも特徴といえます。**コートの大きさもシングルスとは違い、ロングサービスラインまでがサービスエリアとなります。**

サービスのコースなどはもちろん、1回でスマッシュを決めるのではなく、様々なショットを続けて出すことで相手のペアの陣形を崩していくのが基本。さらに、自分もパートナーとの意思の疎通をとることも大切です。

POINT 1 基本ルールはシングルスと同じ

ダブルスのルールといっても、基本的なルールはシングルスと変わらない。ただし、コートの広さやサービス権が違う。
ダブルスのサービスエリア（サービスを入れるべき場所）は、サービスエリアの大きさもシングルスとは違うので注意したい。
間違えやすいのはサービスの順番。基本は得点が偶数の時は、右側にいるプレイヤーからサービスし、奇数は左側にいるプレイヤーからサービスというもの。サービスをしてラリーに勝った場合は同じ人が左右を変えて続けてサービスする。

サイドラインが違う

ダブルスのコートは、サイドラインが外側のダブルスサイドラインとなり、コートすべてを使う。サービスエリアもシングルスとは異なり、図のように、ダブルスのロングサービスラインより後ろはアウトになる。

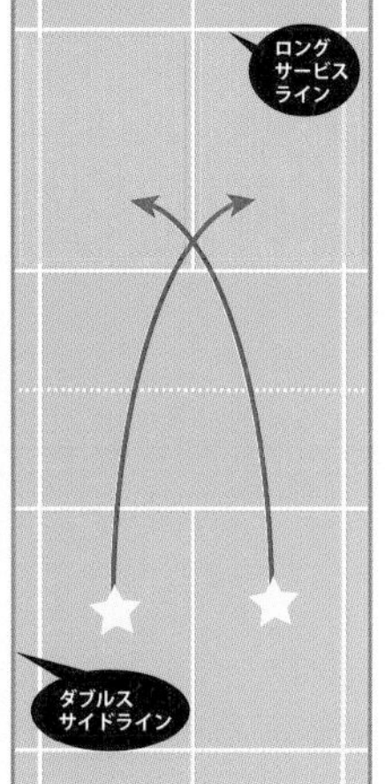

ダブルスのサーブとサービス権

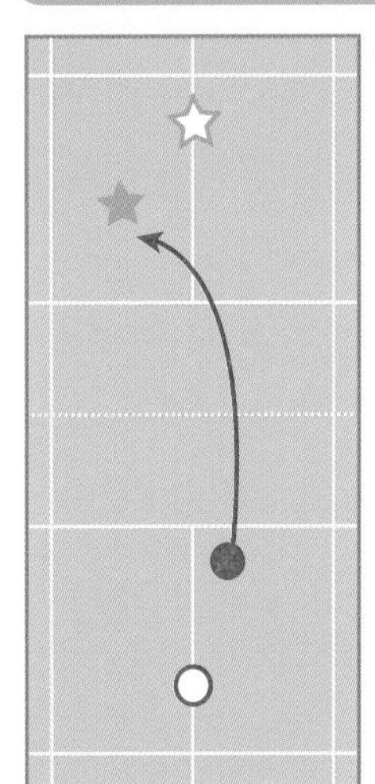

●&○ペアからサービス。サーブ権をとった方のペアが右コートから反対側の右コートへサービスをする。

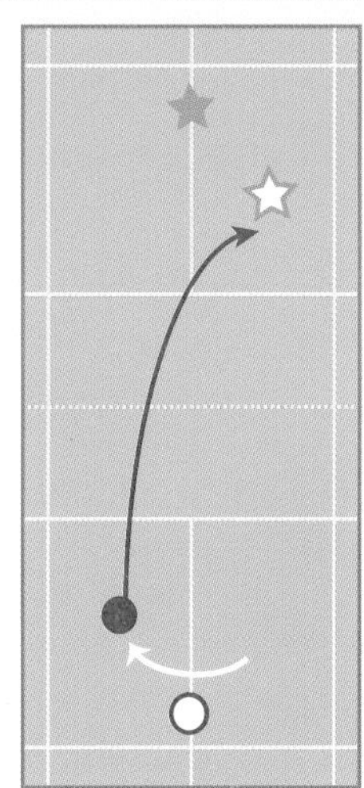

●&○ペアにポイントがはいる。点が入り「1－0」になると、奇数点なので、●と○の場所が入れ替わり、●が左コートからサービスする。

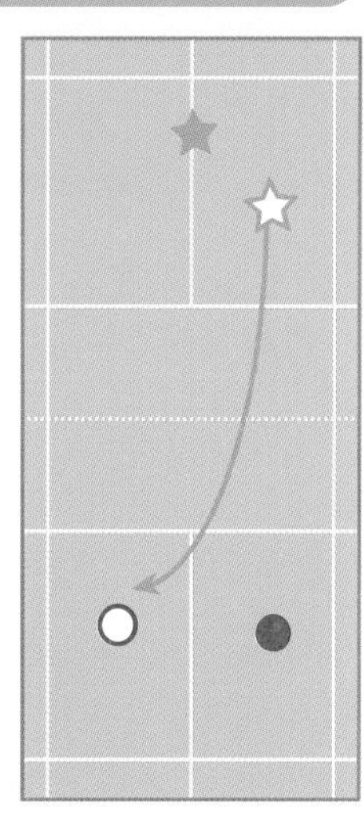

★&☆ペアにポイントはいる。「1－1」になりでサービス権が★&☆へうつる。奇数点なので左コートにいる☆がサービス。

PART 4 ダブルス　勝利の法則②

コツ+α

ショートサービスを低いコースで打つ

ダブルスのサービスは、その多くがショートサービスです。さらに、バックハンドで打つのがほとんどです。

ダブルスでは、ショートサービスを打つ場合が多い。

Check Point!

❶サービスラインの隅をねらってサーブ
❷ロングサービスラインの隅をねらってサーブ
❸サーブレシーブはセンターで構える

サイドラインとロングサービスラインまで使う

ダブルスのサービスの基本は、ショートサービスです。ショートサービスは少しでも浮くと相手にプッシュされてしまうので、ネットを越えて沈んでいくものがベストです。

また、きれいなサービスであっても、タイミングが相手の息とあうようでは、うまく返されてしまいます。相手の虚をついたタイミングでサービスすることも大切です。ショートかロングかのサービスの打ちわけも相手の虚をつくには効果的だといえます。

ダブルスにおいての基本的なサービスの攻撃の仕方は、サービスラインの２隅、またはロングサービスラインの２隅をねらうこと。ただし、速い球を打ち、プッシュなどで返球されないようにしましょう。

POINT 1 サービスラインの2隅をねらう

ショートサービスでねらうコースは図のようにサービスラインの2隅。高くあげたサービスだと、すぐに相手にプッシュを打たれ、こちらが失点の危機になる。ネットを越えて沈んでいく軌道が望ましい。

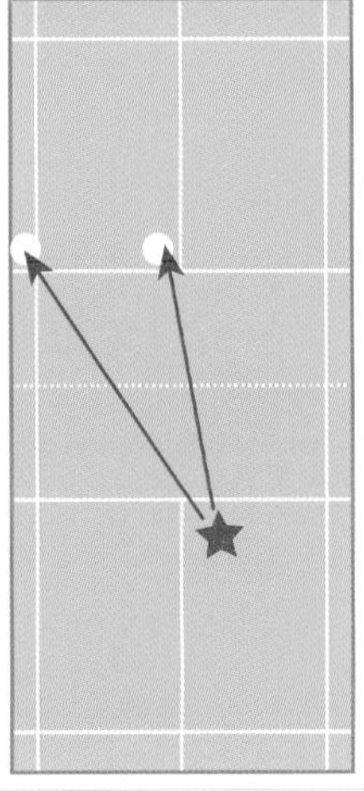

POINT 2 ロングサービスラインの2隅をねらう

ダブルスのサービスはロングサービスでもスピードの速いものでなくてはならない。ねらうコースは図のようなロングサービスラインの手前角の2隅だ。相手の虚をつくタイミングが大切だ。

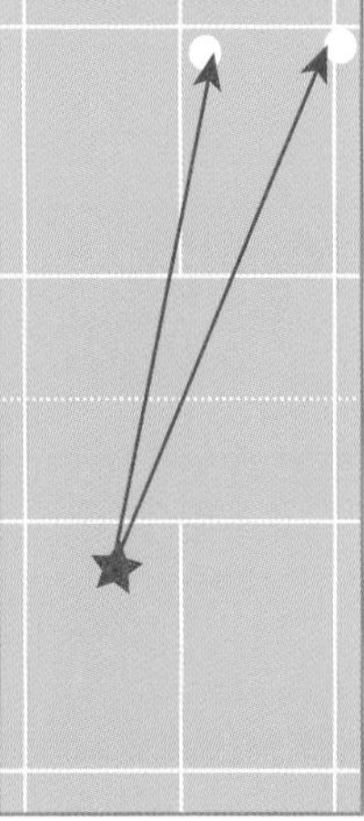

POINT 3 サーブレシーブはセンターが基本

どこに落ちても拾えるようにセンターで構えることが基本、あくまでラウンドをカバーできる位置に立つことが大切だ。

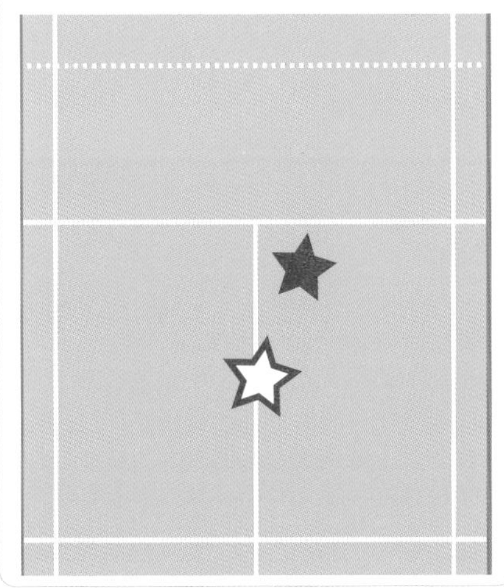

ココに注意!

サービスは、ショート、ロングともにバックハンドで行うのが通常だ。もちろんフォアで行ってもよいのだが、ラケットのふりの大きさで相手にロングかショートかを悟られては意味がない。フォアハンドでサービスを行う際は、特に注意してラケットの振りを小さくし、相手に悟られないよう気をつけよう。

PART 4　ダブルス　勝利の法則③

陣形を把握し有効的に切り替える

Check Point!

❶「トップ&バック」は攻撃的な陣形
❷「サイド・バイ・サイド」は守備に重点をおいた陣形
❸お互いの状況を常に把握する

ダブルスでは陣形と呼ばれるフォーメーションが大きくわけて2つあります。試合中に何度も切り替えながら戦っていきます。

写真は「トップ＆バック」のフォーメーション。攻撃的な形だ。

パートナーの状況を見ながら陣形を変えて戦う

ダブルスには陣形と呼ばれるフォーメーションが大きくわけて2つあります。

「トップ＆バック」は、前衛と後衛にわかれ、おもに攻撃をしかけるときに使われます。後衛はスマッシュなどを打ち、前衛はネット前の浮いたシャトルに攻撃をしかけます。逆におもに守備のときに使われるのが、「サイド・バイ・サイド」です。横に並び、相手からの攻撃を防ぐための守備に重点をおいたフォーメーションです。

お互いの状況を把握する必要のあるダブルスですが、特にトップ＆バックの状態では後ろの人から前の人は見えますが、逆は見えません。二人の息をあわせると同時に、パートナーがどのように動くか予測できるようになることが大切です。

POINT 1 右利き同士は左回り

右利き同士の場合、後ろで打った後すぐに前に出て打ち、パートナーは後ろを守る。これを交互に繰り返すと、図のように左回りになるが、これが理想のローテーションの仕方だ。

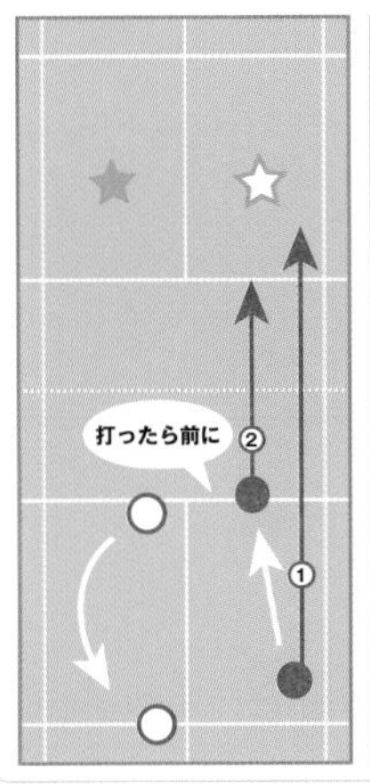

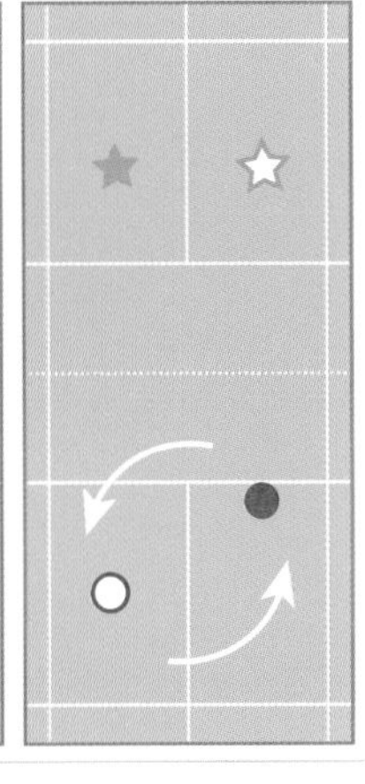

POINT 2 ドロップで相手陣形を崩す

ダブルスではいきなりスマッシュを打っても、がっちり守られていては決まりにくい場面がある。その場合は、ドロップで相手の陣形を崩す。その際、ねらうのはネット際の3ヶ所だ。

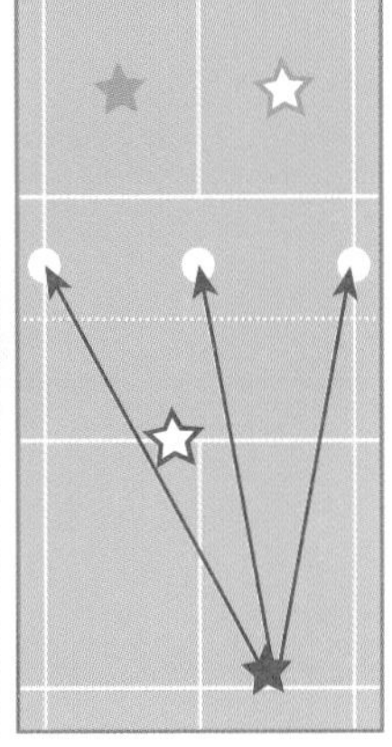

POINT 3 ドロップ後にスマッシュを打つ

ドロップを打ち、前に取りに来たプレイヤーが戻ってくるところをねらって、スマッシュを打つ。これが陣形が崩れたパターンだ。相手を崩してから攻撃するのが基本の攻め方なのだ。

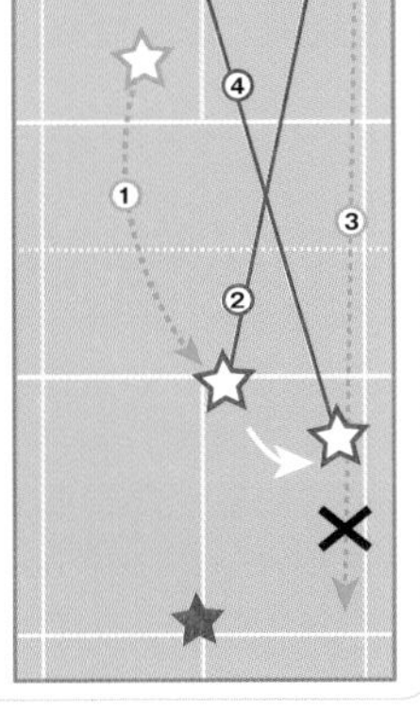

POINT 4 サーブプッシュ後に攻撃する

サービス時のチャンスもある。甘いサーブに対し、前衛がプッシュを打つと、相手が前衛のサイドを抜けるような、リターンをしてくる。それに再び前衛がとびついて、アタックする。

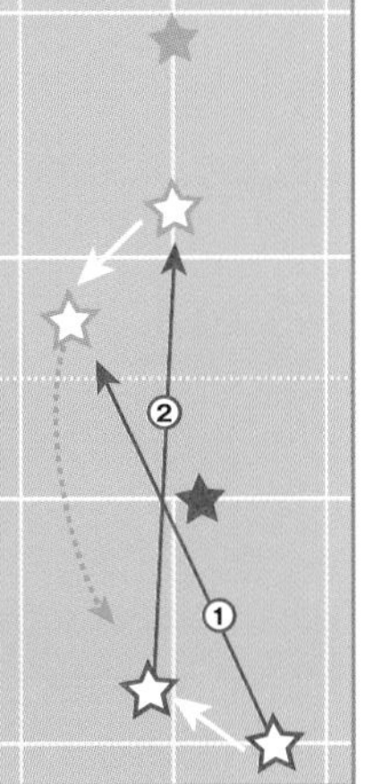

団体戦　勝利の法則①

状況に合わせて ベストなオーダーを立てる

団体戦では、1試合1試合よりも総合的なオーダーが重要となる。

団体戦は中学生の場合、ダブルス・シングルスを兼ねることができず、高校生の場合も第1シングルスは他の試合を兼ねることができない。

Check Point!

●自分のチームの状況、相手の状況を考えてベストなオーダーをする

組み合わせを日頃から考えておく

バドミントンの団体戦は、通常中学生の場合、２複１単（ダブルスを２試合、シングルスを１試合）の３試合、高校生の場合は、２複３単（ダブルスを２試合、シングルスを３試合）の５試合で行われます。

団体戦では、実力が伯仲している場合、この３試合、及び５試合のオーダーで選ぶ組み合わせで勝負が決まることも多いのです。**そのため顧問の先生や監督はチームや相手のチームの選手の状況を考えながら出場選手を決めなくてはならないのです。**

団体戦のオーダーを考える際、選手の層が厚いのは理想ですが、学校によっては選手を５人しか出せない場合もあります。そのときの状況を考えて最善のオーダーを日ごろから考えておくことも大切です。

PART 4 団体戦 勝利の法則②

エースを軸に試合を勝ちあがる

エースと一番手のダブルスを軸に、試合を勝ちあがっていくのが基本。試合の状況によってオーダーをアレンジする。

Check Point!
●状況を判断して試合を勝ち抜く

エースを温存して次に備える

基本的にオーダーする上でポイントとなるのは、その試合と相手、選手のコンディションなど、状況に合ったオーダーを選ぶこと。エースを軸にオーダーを考えます。

しかし、ここは勝ち上がれそうだという対戦相手ならば、わざわざエースを出し、疲れさせる必要はありません。エースは温存し、次の試合に回すことも必要です。

また、ケガや病気等で、エースが出られないこともあるでしょう。その場合には、相手のオーダーを予想し、そこに自分のチームで勝てそうな相手をぶつけていくという方法もあります。

強い選手が多いことは試合を有利に運ぶ条件ですが、状況判断が優れた学校が試合を勝ちあがることができるのです。

PART 4 団体戦　勝利の法則③

コツ +α

与えられた試合でベストを尽くす

Check Point!
●出場する試合では、チームの一員としてベストを尽くす

負けて当たり前の格上の相手との試合でも、ベストを尽くすことでチームに好影響を与えることができます。

与えられた役割を理解して試合に出る

団体戦の試合において、なにより大切なことは、各々が与えられた役割を理解するということです。自分が出場する試合だけ勝てば良いという考えでは、団体戦の試合を制することは難しいのです。

作戦によっては、恐らく負けてしまうであろう相手との試合に出場しなければならないときもあるかもしれません。しかし、どんなに強い相手と試合することになっても、**決して投げやりにならずに「戦う」という姿勢が、後に試合を控えるチームメイトにも良い影響を与えるのです。**

また、エースは常にエースとしての自覚を持ち、それ以外の選手は自分の試合の役割をきちんと理解した上で、全力を尽くすことが大切です。

PART 4 団体戦　勝利の法則④

試合の意味を理解してのぞむ

Check Point!
●出場する試合の意味を理解してコートに立つ

必要以上に重圧を感じてしまうと、いつもの力を出すことができなくなりますが、チームメイトから託された思いを理解してのぞむと結果は違ったものになるはずです。

重圧を力に変えて勝利に導く

試合はチームの調子や相手があることなので、必ずしも戦前の予想通りになるとは限りません。そのような試合の流れのなかで、大事な試合が回ってきたり、絶対に落とせない試合を任されたのであれば、まず、そのこと理解しておくことが重要です。

その試合の意味をしっかり理解すれば、チームの応援の力も加わり、普段以上の頑張りができるでしょう。もし負けたとしても、その頑張る姿は仲間に力を与え、次の試合で予想もしなかった勝利をあげられるかもしれません。

すべてのプレッシャーを一心に受ける必要はありませんが、団体戦は、強い選手だけが頑張れば良いのではありません。チーム一丸となって臨むことが大切なのです。

PART 4　団体戦　勝利の法則⑤

コツ+α

トップシングルスで1勝し団体戦を優位に進める

オーダーをする際の基本的な考え方は、「シングルスに重点をおく」こと。シングルスで負けると、後が厳しくなります。

自分がどの位置を任されているのかを理解しよう。

Check Point!

❶相手のシングルスの戦力を分析する（中学）
❷ダブルスは1勝1敗でもいい（高校）
❸エースの使いどころを考える（中・高）

相手の戦力状況を分析し、シングルスを決める

団体戦で勝利するためには、相手の戦力を分析するとともに、自チームの選手の体力、精神状態等を冷静に分析し、勝てるオーダーを組むことが重要です。負ければ終わりというトーナメント方式の大会では、体力の温存との兼ね合いがありますが、そこは各チーム事情を把握している監督の裁量となります。いずれにしても選手層の厚いチーム作り、選手及びメンバー外の選手、応援者それぞれがそれぞれの立場で、チームの勝利に貢献しようとする姿勢を忘れないチーム作りが団体戦の勝利には欠かせません。

中学生（2複1単）の団体戦では、シングルスで1勝することは、有利に展開します。シングルスで勝利できそうであれば、ダブルスをひっくり返して出し、相手の第2ダ

POINT 1

中学生のオーダー

5人で戦う中学生の団体戦、オーダーによっては
戦力的に上のチームにも勝てる可能性が生まれる。

D1……山田・佐藤ペア
S1……田中
D2……松本・浅見ペア
計５人

（とあるS校の場合）
Ｓ中学校は、部員数が少なく次のような選手層である。シングルスの選手は県大会上位の実力でＳ中のエースだ。ダブルスペア１はＳ中ではトップのペアだが、県大会での受賞歴はない。ダブルスペア２は試合に勝ったことも数回しかない初心者ペア。このチームでのオーダー例を紹介する。
※この例はあくまでも参考用であり、このオーダーが必勝法なわけではない。

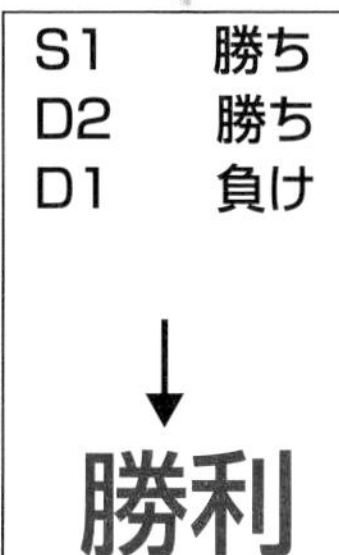

（VS　K中学）
相手のN中はＳ中とほぼ互角。そこでD2にダブルスペア1を選んだ。すると、相手はD1、D2とそれぞれ一番手、二番手のペアという順番で出たので、S中のトップペアとK中の二番手があたったので、そこで1勝と、シングルスで1勝で、K中に勝つことができた。

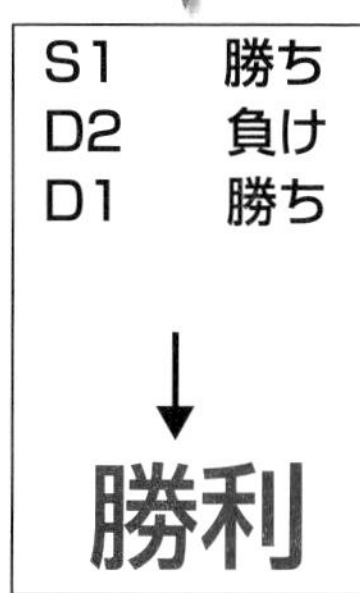

（VS　N中学）
S1では、エースの田中が勝利。次のD2では、N中学の強いペアとの試合となり善戦するも負けてしまう。しかし、D1でS中学のエースペアがN中学の二番手のペアとあたることとなったので勝利することができたの2-1でS中学の勝ち。

ブルスと自チームの第１ダブルスをぶつけられます。相手のシングルスに勝てそうもない時は、相手のダブルスの戦力を見て、ダブルス2つを取りにいきますが、中々容易ではありません。大会初戦は、選手が固くなるのでベストなオーダーで行ったほうが良いでしょう。

高校（2複3単）の団体戦でもトップシングルスで勝利することで、有利に展開します。ダブルスで1対1になった時を想定すると、トップシングルスで王手をかけることができ、その後のエースに勝負を任せられるのです。トップシングルスに、どの選手を使用するかがポイントです。

選手層が厚く戦力状況が圧倒的に有利であれば、エースをダブルスだけに出場させ後々の試合のため体力を温存させることもできます。勝負どころでは、エースが単複に出場し勝負することもあります。その勝負所までいかにエースの体力を温存させるかが、真夏の体力勝負となるインターハイでは重要です。

POINT 2

高校生のオーダー

高校生の団体戦は、中学生よりも人数が多くなる。
より組み合わせが複雑となるが、重要なところは一緒だ。

M高校

S1……山本　D1……渡辺・野村ペア
S2……斉藤　D2……立花・藤田ペア
S3……藤原

計7人

（とあるM校の場合）

では、オーダー例を具体的に紹介する。M高校は実力順に、シングルス1、シングルス2、シングルス3と並び、どれも平均的な強さで、ダブルスペア1とダブルスペア2も兼任することなく7人そろっており、特別強い選手はいないが、強さにばらつきのない学校だ。このチームでのオーダー例を紹介する。
※この例はあくまでも参考用であり、このオーダーが必勝法なわけではない。

D1	勝ち
D2	負け
S1	勝ち
S2	負け
S3	勝ち

↓

勝利

（VS　D高校）

S１でシングルス１の選手が相手の二番手の選手とあたり勝つ、次に出てきた一番手とM高のシングルス３選手があたり負けてしまうが、最後にS３でシングルス２の選手を出したところ、相手の三番手の選手との試合になったので勝ち。ダブルスは一勝一敗で、M高校が勝った。

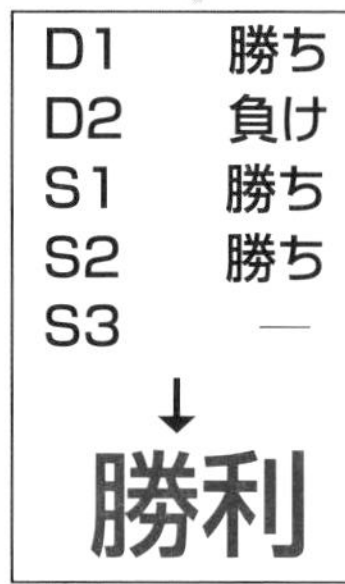

D1	勝ち
D2	負け
S1	勝ち
S2	勝ち
S3	—

↓

勝利

（VS　I高校）

D1でM高校のダブルスペアが勝ったあとのD2では、I高校のエースである強豪選手がいたために負けてしまう。S1ではM高校のエースが勝利を収め、その後S2では、D2を兼任するI高校のエースが出場。しかしダブルスの試合で疲労したために、M高校が勝利することができた。ダブルスで1勝1敗だが、シングルスで2勝したために、M高校の勝ち。

一緒に
スキルアップ
監督・キャプテンと
取り組もう！

PART 5

学生生活のなかで行われる部活動は、
部の規模や学校施設などの環境によっても変わる。
テストや長期休暇があっても、
コンディションが落ちないよう監督やキャプテンと
話し合いバドミントンを継続していこう。

PART 5 場所の活用法

コツ 45

狭いスペースを活用し遊びをなくす

埼玉栄はコート数は多いが、それでも打ち合い練習は4～6人で一つのコート。

（やり方）ネットをはさんで打ち合い練習をします。2人1組とし、手前側に3組（計6人）、向こう側に3組（計6人）の12人で同時にコートを使用して行います。互いに前に出てきてシャトルを打ったら、時計回りに回って後ろにさがります。それぞれ時間を決めて、「カット」「ロブ」など打ちわけながら練習するとより効果的です。

部活において、一番頭を悩ますのが練習スペースの問題でしょう。少しでもスペース問題を解決するため、一工夫する必要があります。

Check Point!

❶ローテーションを組み、コート内に入れる人数を増やす
❷ローテーションで打たせることで、フットワーク練習にもなる
❸打ち合い練習では、コースを限定する

ローテーションを考え、同時練習を可能にしよう

部活動において、多くの学校が抱える問題の一つに、スペースの確保があります。部員数が多すぎたり、使用できるコートが１コートしかなかったりすると、必然的に練習できる部員は限られてしまいます。これでは、満足のできる練習ができないどころか、練習できない部員たちの士気はあがらず、チームとしてもマイナスです。とはいえ、コートを増やすことは難しいもの。

そこで、場所を有効活用する必要がでてきます。**今回、ここではローテーションを使っての打ち合い練習法を提案します。これだけでも、格段にコート内で練習できる部員の数は増えます。また、同時進行して、新入部員やバドミントン初心者の部員は、コート外での打ち合い練習が可能です。**

POINT 1

打ち合い練習は複数人で1コート

コート内で打ち合い練習をするときは、4～6人で1つのコートを使う。部員数がそれほど多くない、もしくはコートが複数確保できる場合は、この方法で人数をさばける。打ち合い練習では、ストレート、クロス、スマッシュ、ヘアピンなどコースを時間、または球数によって限定するとさらに効果的だ。

POINT 2

人数を増やしフットワークもかねる

2人1組とし、手前側に3組、向こう側に3組の12人で同時にコートを使用して行う。互いに前に出てきてシャトルを打ったら、時計回りに回って後ろにさがる。交互に打つことで、大人数の部活では誰もがネットを使っての練習をすることが可能。初心者が多い場合は、相手コートに上級者を配置することで、より上達を早められる。

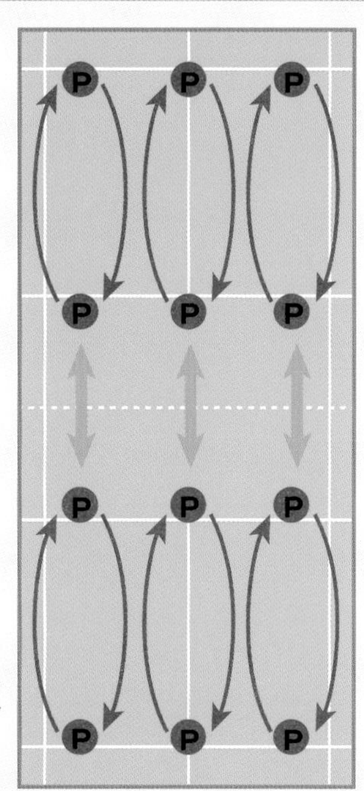

※Ⓟはプレイヤーを指し、→はプレイヤーの動き、→はショットのラインを指す。

POINT 3

コートを広く使い打ちわけする

打ち合い練習にプラスして、クロスとストレートの打ちわけを行う。2人1組とし、手前側に2組、向こう側に2組の8人で行う。やり方はPOINT2の練習法と同様だが、コートを1/2使って打ち合いすることが可能なため、クロスとストレートの打ちわけの練習も行える。時間を計り、指導者もしくは、指示を出す役の部員が「ドライブ・ストレート」などと全員に指示を出す。

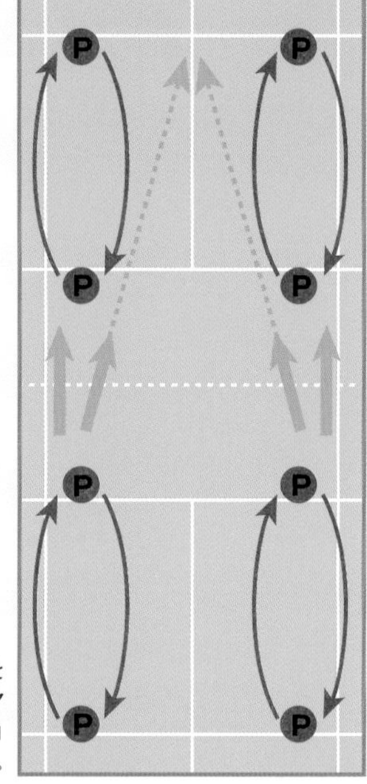

※Pはプレイヤーを指し、→はプレイヤーの動き、→はショットのラインを指す。

プラスワンアドバイス 1

工夫して練習場所を確保しよう

全国の9割以上のバドミントン部でコートが足りないという話も聞かれる。それだけ場所の確保は大きな問題だ。コートが足りないならば、簡易ネットを作って打ち合い練習を行うなど、部員（指導者）たちの工夫が当然必要となるだろう。

このページで紹介した、ポイント３の練習法は打ちわけを覚える練習だが、本来、クロスやストレートの打ちわけはオールコートを使って行いたいところ。しかし、場所の確保が難しい場合には、部全体のレベルアップのためにも、また部活動という性質的にも、半分のスペースであっても全員が練習する必要がある。こういう場合は、コースに重点を置くよりも、そのフォームに重点を置いて練習するのがよいだろう。

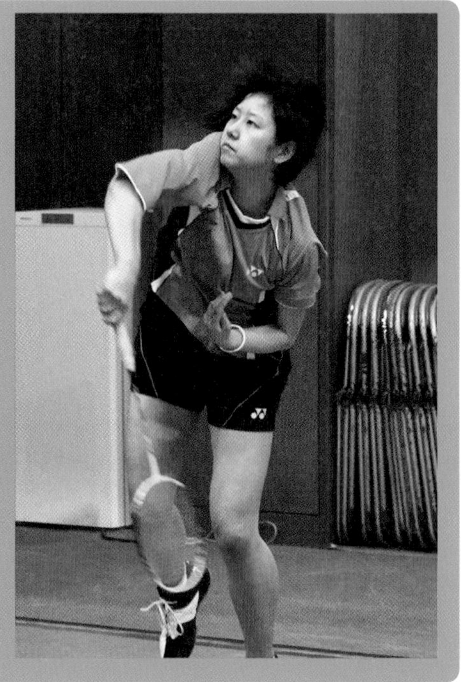

PART 5 練習スケジュール

コツ46 年間を通しての予定を組み立てる

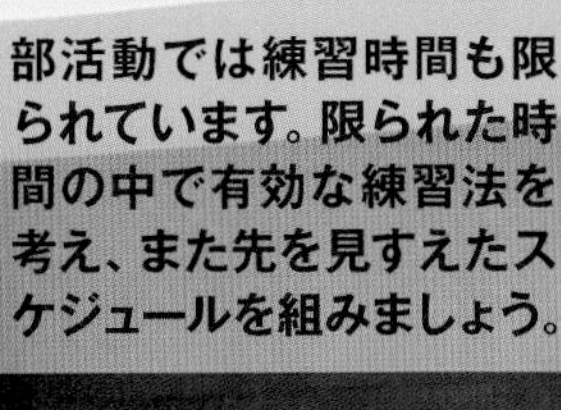

全体で行う練習、実力に合わせて行う練習とメニューを考えよう。

Check Point!

❶実力、経験に応じて練習メニューを決める
❷初心者はフォームの基本を覚えることから始める
❸年間スケジュールを立て、学年に合った練習をする

年間スケジュールをたてよう

場所の確保とともに問題となってくるのが練習時間です。理想は、ウォーミングアップから始まり、ステップ、フットワーク、打ち合いやノック、パターン練習、ゲーム練習まで行い、クールダウンという流れ。しかし、平日の部活動時間内ではすべて行うことは非常に難しいでしょう。

そこで大切となってくるのが、年間スケジュール。例えば、**試合の時期に合わせてゲーム練習を増やし、ほかのメニューを削る、冬場はトレーニング期間とし、ステップやフットワークを増やすなど、1年を見すえてその時期に必要な練習を集中的に練習することです。**土日に時間を多く使える学校は、平日は基本練習を、土日にゲーム練習を集中的に行ってもよいでしょう。

POINT 1

練習メニューを変える

年間スケジュールをたてて練習するうえで大切となるのは、実力に応じた練習、試合に出場するかどうかに合わせた練習をするということ。

４月に新しく入ってきた新入部員と試合直前の３年生の部員が同じメニューを行っても仕方がない。上級者、上級生にはノックやゲーム練習を積極的に行う。

POINT 2

新入生はフォーム覚えから

ノックやゲーム練習を中心とした上級生や上級者に対して、新入生は素振りや打ち合い練習、体力作りなど、まずは基礎を体に覚えさせることが大切だ。

ただし、上級生がゲーム練習をしている間に、遊ばせておくのではなく、フォームを身につけさせる練習をコート外でさせるなど、指導者の気配りが大切だ。

POINT 3

スケジュールを立てる

1年生4～6月の練習例

（平日放課後、2時間の練習の場合）

ランニング
ウォーミングアップ
ストレッチなどを入念に。

↓

素振り練習
ストロークの基本を覚える。

↓

打ち合い練習 ↗
できるなら上級者と組ませる。

フットワーク練習
様々なフットワークを行う。

↓

ノックを組み合わせたフットワーク練習・ノック
フットワークの応用として実際に打たせる。

↓

クールダウン

新入生1年生の4月からのスケジュール。まずは、ストロークなど基本技術を覚え、ステップの練習などに6月までを費やす。新人戦が終わった頃から、ノックやストローク、フットワークなどの基本練習を多く取り入れ、冬期はランニングなどのトレーニングメニューを多く行う。

3年生4～6月の練習例

（平日放課後、2時間の練習の場合）

ランニング
ウォーミングアップ
ストレッチなどを入念に。

↓

打ち合い練習
体を温める意味も持つ。

↓

パターン練習 ↗
様々な状況を想定してのノック。

ゲーム練習
ダブルスとシングルス、両方のゲーム練習に時間をとる。
最低でも20分はゲーム練習に使いたい。

↓

クールダウン

3年生の4月からのスケジュール。この学年は、メインとなって試合をする選手たちと考えられる。そのため、4月から基本練習（打ち合い練習、フットワーク練習、ノック練習など）をメインにし、地区予選、県予選などに合わせ、徐々にゲーム練習を増やしていく。

PART 5

コツ 47

部活動の取り組み方①

選手が集中できる環境をつくる

Check Point!

●小さな目標を設定して達成する喜びを知る

部活動の指導者としての考え方、部員のモチベーションの持ち方を変えるだけで、その部は強豪校へと変わります。環境をしっかり整えることからはじめましょう。

自分の目標を見つけ、それに向かって頑張れる環境を作ろう。

選手それぞれが目標を立てる

競技に対する姿勢、モチベーションは各選手によって大きな差があります。これは学校活動の一環として行われる部活動ならではのことでしょう。

本来ならば、全員が同じ目標を持ち、そこに邁進するのがスポーツクラブとしての正しいあり方といえますが、バドミントンの部活動では、必ずしもそれが重要ではありません。**各選手に目標を持たせ、それを大切に育てさせることが必要だと考えます。**

大会に出場する（レギュラーになる）ことを目標とする生徒がいて、県大会に出場することが目標の生徒がいます。指導する側は、その「目標」を個々に持たせてあげるよう努力すること、そしてその目標に近づけるような練習を行うことが大切です。

部活動の取り組み方②
目標を具体化するために試合を観戦する

設定した目標が選手に合ったものでないと、掛け声ばかりで練習に身が入りません。自分が目指す目標を明確にし、どのようなアプローチが必要か考えることがポイントです。

Check Point!
●選手に実際の目標を体感させる

段階的に目標をクリアして先に進む

勝つ喜びを味わった選手のやる気は飛躍的にアップします。だからこそ、勝たせてやることが大切です。そのためには最終目標の前に、小さな目標をたくさん設定し、それを達成させる喜びを味合わせてあげるのです。例えば最終目標が、全国大会優勝だったとすると、必然的に地区予選で優勝、県大会で優勝、関東大会で優勝というハードルが設定できます。目の前に小さな目標を掲げてあげることで、頑張れば手に入るという感覚を得やすく、やる気を損なわずに練習することができます。

目標レベルを実際に目で見て体感し、イメージすることも必要です。試合を観戦しに行き、選手の目標とするレベルを体感させてあげることもポイントです。

PART 5

部活動の取り組み方③
ライバルをつくり切磋琢磨する

自分の目標に対する到達度をはかるためにも、ライバルの存在は大切です。部内で競い合うことはもちろん、大会で顔を合わせる強い選手をターゲットにしてレベルアップしていきましょう。

Check Point!

●ライバルや目指す選手をつくり、練習に励む

目指す選手の存在がレベルを引き上げる

練習をするにも何が自分に足りなく、どんな部分を伸ばしていけば良いのか、考えながらバドミントンに取り組みましょう。

指導者は、選手のレベルや試合のレベルを考え、勝つためにはどのくらいの練習が必要で、どうすればよいのか。**はっきりとその目標とするものを提示してあげることで、選手のモチベーションをあげ、自分自身で努力するようにします。**

さらに、部内に目標とするレベルの選手やライバルがいればよいのですが、いないならば目標とするレベルの選手がいる学校と練習試合をして、自分との差を実感させることも大切です。実際に相手選手との差を身をもって感じることができれば、さらに生徒のやる気が格段にアップします。

PART 5

コツ +α

部活動の取り組み方④
日常生活を大事にバドミントンにも取り組む

一見、関係がないような日常生活や学校生活は、実はバドミントンとつながっています。「強い選手」は何事にも真面目に取り組み、その行動がバドミントンのレベルアップに役立っているのです。

Check Point!
●日常生活・学校生活の安定を測る

学校生活の安定が競技の安定につながる

試合の中で、ここぞという時になると、その選手の人間性が強く現れるのを感じます。例えば、学校生活全体を通して何事にも熱心に取り組み、粘り強く物事をこなす選手は、試合で追い込まれたときにも粘り強さを発揮します。

全国大会で優勝するような選手は、日常生活においても非常に真面目に何事もこなし、安定した生活を送っている生徒でした。だからこそ、**選手たちには「授業態度、普段の生活すべてが競技に影響する」と指導することが大切です。バドミントンだけ頑張ればいいのではないのです。**

自分が何の練習をしていて、何の目的のために行っているのかを意識させながら行うことで、効率は格段にアップします。

PART 5

コツ 48

長期休暇中の練習①

ヒジをあげて壁に当たらないよう素振り

テスト期間中など、部活が休みの期間に行っておきたい練習法を紹介。特に初心者は、個人練習で基礎を徹底的に覚えたいものです。

高い位置を意識してヒジをあげる

テスト期間や長期休暇中など、部活動が休みの期間があります。そこで、休暇期間に個人で行える練習法を紹介します。

このページで紹介する練習は、ラケットを持った腕を正しく振れるように意識して行います。ラケットを持つ手の側が壁になるように垂直に立ち、壁から30～40cmの位置で素振りをします。ヒジがきちんとあがっているかどうかの確認ができます。

初心者が陥りやすい素振りのフォームはヒジがさがってしまうこと。壁際で素振りを行うと、ヒジがさがっている場合は壁にぶつかります。**繰り返し練習することで、ヒジの伸ばし方を意識することができ、正しいフォームを身につけることができるの**です。

自宅でも一人でもできる素振り練習は、初心者でなくとも行いたい。

①壁に沿って立ち、そこから一歩離れる。ラケットを持った腕を大きく振りかぶる。

Check Point!

❶壁に当たらないよう、ヒジをあげて素振りする
❷ラケットの面が壁と平行に動く
❸腕が横に流れない

POINT 1 ヒジがあたらないように素振りする

POINT 2 ガット面が壁と平行に動く

❷左手もあげてバランスをとりながら、ゆっくりとラケットを振る。

❸ヒジが壁に当たらず、ラケット面が壁と平行に動くことを意識する。

❹そのまま振りおろす。ラケットを持った腕は伸ばし、まっすぐにおろす。

POINT 3 横に流れずヒジをあげる

壁に向かって素振り練習

壁の正面に立ち、一歩踏み出して素振りをする。ワキが開き、腕が横に流れないよう注意。

高い位置を意識して、ラケットを壁際で止める。ガット面が壁と平行になっている状態で止める。

ココに注意!

ヒジがさがると、壁にぶつかってしまう。縮こまった姿勢では、的確なシャトルが打てない。

この練習は、高い位置でラケットを振ることがポイント。ヒジを曲げると、打点が低くなる。

長期休暇中の練習②

イスに座って半身になり 意識を腰のひねりに持っていく

素振りの練習に慣れてきたら、次はノックです。必要な場所にシャトルを投げてもらうだけで、練習することができます。

イスに座ることで 上体の使い方を覚える

ノック練習とはいえ、自分がイスに座って行うため、トスも簡単です。自宅でもシャトルを投げてもらえば、練習可能。

通常のノック練習では、初心者は打ち返すことにばかり頭がいってしまい、フォームがくずれがちですが、イスに座ることで、上半身にのみ意識を集中させられます。

打つ人はイスに浅く座り、ラケットを持つほうの足を引いて、半身になります。腰を回すことを意識しながらラケットを振りましょう。投げる人の向こう側、遠くへ飛ばすように意識します。腰のひねりをラケットに伝え、手首を返して打つ、その力の移動を確認しましょう。

投げる人（ノッカー）は、高い打点で打たせてあげられるポイントに投げます。この練習は、フォームを覚えることが目標です。打ちやすい場所に投げましょう。

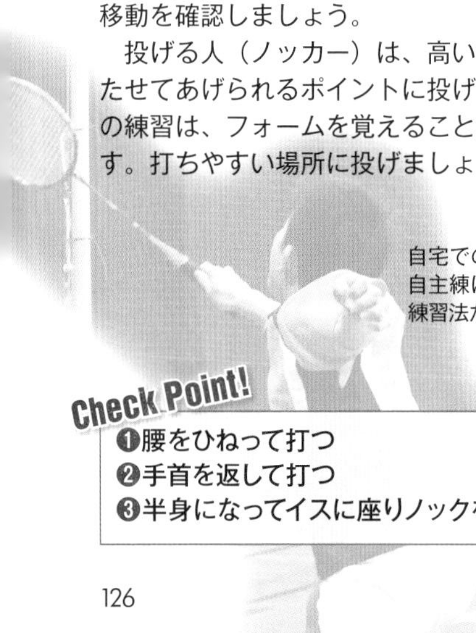

自宅での練習のほか、自主練にも向いている練習法だ。

Check Point!

❶腰をひねって打つ
❷手首を返して打つ
❸半身になってイスに座りノックを受ける

①イスに座り、ラケットを持った方の足を後ろに一歩引き、半身になる。

POINT 1 腰をひねり、最頂点でシャトルをとらえる

POINT 2 打ったら手首を返す

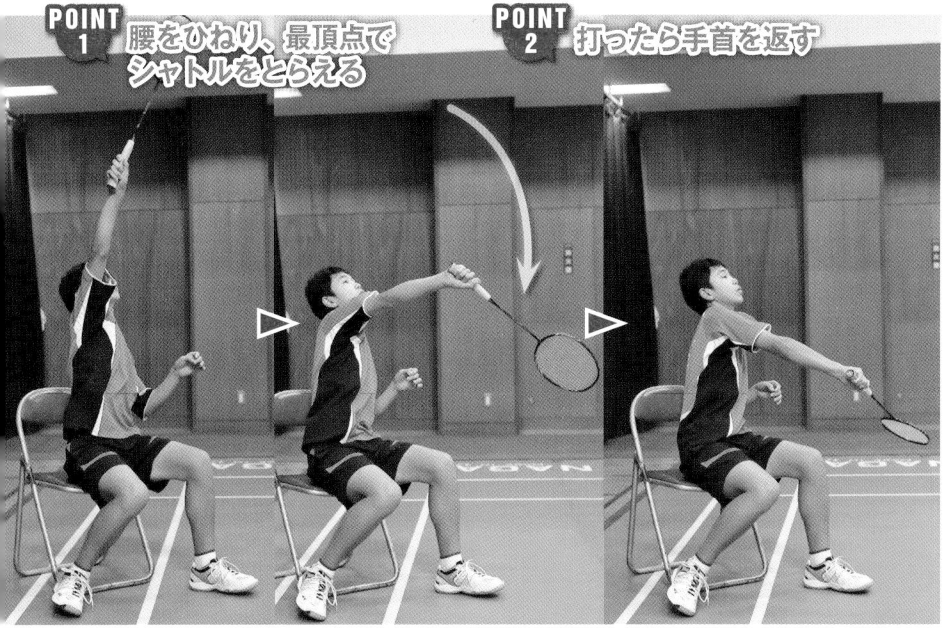

❷ラケットがもっとも高い位置でシャトルをとらえるように意識して、腰をひねって打つ。

❸ラケットから先に振りおろすようなイメージで、シャトルを打つ。

❹シャトルから目を離さず、次のノックに備える。打ち終わったらすぐに①に戻る。

POINT 3

イスに座り、右足を引いて半身になる。イスをあらかじめ斜めにセットすると半身になりやすい。

ココに注意！

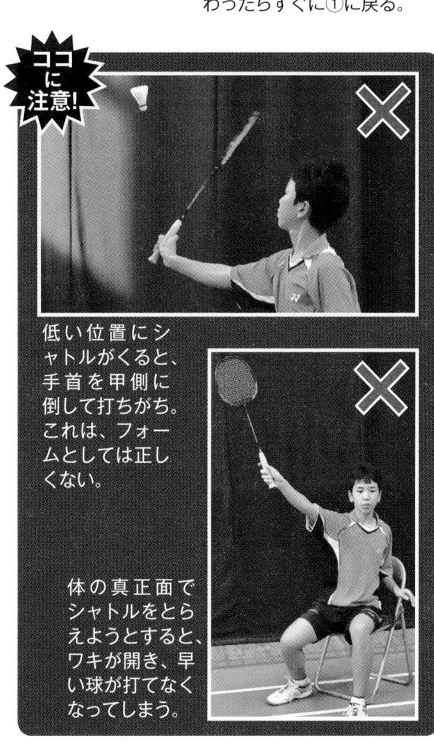

低い位置にシャトルがくると、手首を甲側に倒して打ちがち。これは、フォームとしては正しくない。

体の真正面でシャトルをとらえようとすると、ワキが開き、早い球が打てなくなってしまう。

PART 5

試合前の心がけ

コツ49 食事の時間を考え メリハリある時間を

特に新人戦など、初めての試合では生徒たちは緊張するもの。試合前をどのように過ごせばよいのでしょうか。

試合当日は万全の体勢で試合に臨めるよう準備する。

団体戦は「チームで勝つ」

学生の大会では、学校ごとに戦う団体戦があります。団体戦は、シングルスとダブルスの試合を行い、勝敗を決めます。

自分の試合に勝つことよりもチームとして勝つことが大切です。そのため、チームワークや仲間を思いやることが大事になってきます。

「自分の試合だけ勝てばいいんだ」ではなく、チームとして勝ちあがることを念頭に、「エースの調子があがらなければ、その分まで頑張らなければいけない」といった助け合いながら勝つ心を持って臨みたいものです。

そのためにも、日頃からチームの結束を高め、チームの目標を決めることが重要です。

初めてのレギュラー、初めての試合は誰でも緊張するものです。特に中学生の場合は、公式試合が初めての生徒がほとんどでしょう。緊張するなというのが難しいかもしれません。

また、バドミントンの試合は他のスポーツに比べても試合の時間が長く、必然的に待ち時間も多くなります。タイムテーブル通りに進まないこともしばしばです。

そこで、普段と変わらぬ力を発揮するためにはいくつか心がけておきたいことがあります。

1つ目は、食事です。食事を摂る時間をあらかじめ考えながら、当日は過ごすことが大切です。「腹が減っては戦ができぬ」と言います。かといって、満腹のまま試合に臨んでも、よいパフォーマンスができるとはいえません。

可能ならば、試合と試合の合間など、タイムスケジュールに合わせて、少量をこまめに摂るのがよいでしょう。また、食べるものも、なんでもかんでもというよりは、おにぎりやサンドイッチなど、いわゆる「炭水化物」(主食となるもの)を摂るのがベストです。炭水化物は、すぐにエネルギーになる食べ物なのです。

その他、試合当日の食事については、P134以降でも紹介します。必ずしもこれが正解というわけではありませんが、参考にし、試合をベストな状態で迎えられるようにしましょう。

自分の役割を把握し、ベストを尽くすことが大切。

Check Point!

❶試合当日は、食事を摂る時間をコントロールする
❷試合の合間の時間は自分のペースを守りリラックス
❸団体戦では、チームの結束力が大切

２つ目のポイントは、時間を上手に過ごすことです。試合前からガチガチに緊張していたのでは、いざ試合となったときに疲れ切ってしまいます。

待ち時間にはリラックスし、いざ試合となったら集中する。それがベストです。

どうしても緊張してしまう場合には、例えば普段行っているストレッチを行い、体の緊張をほぐすことで心の緊張をほぐすのも一つの手です。

バドミントンに限らず、トップアスリートには、自分なりのジンクスを持っている選手も多くいます。例えば、シューズを右足から履く、試合前には必ずこのストレッチを行う、何着か持っているユニフォームのうち、どうしても勝ちたい試合のときはこれを着るなどです。ジンクスは、それ自体がどうこうよりも、それをすることによって自分のモチベーションがあがり、リラックスすることが目的なのです。試合を何試合重ねても、緊張をうまくほぐすことができない人は、そういった自分なりのジンクスを作るのもよいのかもしれません。

また、部活のいいところは、何といっても仲間が大勢いること。例えあなたがシングルスで出場する場合にも、部全員で試合会場に向かい、ほかの部員も試合を行います。リラックスするために、友人と少しの会話をするのもよいかもしれません。

ただし、あまりにも友達と騒いだり、遊びまわって楽しむのは、それはまた問題です。特にシングルスでは、試合時間もそれぞれ。友人に流され、集中できずに試合を迎えることは絶対に避けたいものです。

自分のペースを守って、自分なりのリラックス方法を見つけ、待ち時間を使う。それが試合当日のポイントです。

チームワークをつけさせ、勝つ喜びを与えられるよう、指導していきたい。

PART 5 コツ +α

チームウエア①

ウエアで体調を管理してケガを防止

一度冷えた体で、突然また動き出すと、筋肉に負担をかけ、思わぬケガの原因になりかねないのです。ウォームウエアを着用して体調を管理しましょう。

Check Point!
●ウエアを着用して体を冷やさない

ユニフォーム以外にも、ウォームアップウエアがあると重宝。

チームで統一のウエアやバックをつくる

ウォームウエアは、練習の合間や試合のときに試合時間以外に着用し、体を冷やさないために使われます。**例えば、練習時でも実際にコートに立っている時間のほかに、スコアラー（得点をつける係）をやることもあるでしょう。体を冷やさないことは、ケガの予防にもつながります。**

公式試合の会場ではできれば揃ったものを着用したいもの。部員の了解がとれ、または部活動費に余裕がある場合には、揃えて持っておきたいアイテムの一つです。

ほかにもバドミントンバッグは、ラケットがちょうど入る大きさで、シューズやシャトルを同時に収納でき、学校外で活動することが多い場合は持っていると便利です。

PART 5 コツ+α

チームウエア②

ルールに沿ったウエアで試合にのぞむ

ウエアには検定審査を受けていない商品も出回っています。公式試合で着用する予定のウエアを新調する場合には、確認した方がよいでしょう。

規定をクリアしたユニフォームを選ぶ

一般的に、練習時は何を着ていても問題ありません。学校によって、練習用ウエアを作成する場合もありますし、学校指定のジャージで行う場合もあるでしょう。

バドミントンでは、ポロシャツタイプの襟がついたトップスと、ハーフもしくはショートパンツがユニフォームとして使われます。女子の場合は、短めのスカート（ショートパンツが内蔵されたもの）を選ぶこともあります。

公式戦では、大会要綱に記された基準を満たしたウエアで出場することになります。規定では日本バドミントン協会が検定し、合格した製品を着用する、としている大会がほとんどです。各バドミントンウエアを販売している会社は、大抵この検定審査に合格したものを提供していますが、購入前にチェックしておきましょう。

●購入前にウエアの規定を確認する

PART 5 コツ +α

チームウエア③

ウエアでチームの統一感をはかる

ウエアを学校カラーで統一して、全員が同じユニフォームを着用することでモチベーションを上げましょう。チームに実力が備われば、相手チームに試合前からプレッシャーをかけることができます。

Check Point!

❶学校カラーを配したユニフォームを2着以上揃える

二着以上用意して、洗い替えの準備をする

トップスの背中中央には学校名と都道府県名を日本語で入れることが規定されている大会も多いため、オリジナルを作るのであれば、あらかじめ文字を入れてしまった方がよいでしょう。文字を入れない場合には、ゼッケンをつける必要があります。

大会用のユニフォームを作る場合には、デザインは特に規定はありません。**一般的には、学校カラーがある学校は学校カラーをあしらったデザインにすることが多いようです。**

ユニフォームは、2つ以上用意するといいでしょう。試合が続いたときには、洗い替えが必要となります。その際には、デザインを変えたものを作るのがベストです。

PART 5

コツ 50

成長期の選手の栄養学①

バランスの良い三食を摂って体をつくる

成長期の中・高校生にとって、食事は体をつくる上で、とても大切な要素です。なんといっても毎日三食必ず摂ることが大切。朝食からバランスのとれた食事を心がけましょう。

Check Point!

●決められた時間に食事を摂りリズムをつくる

朝食を欠かさず、給食は残さない

最近は、朝食を摂らない学生も増えています。しかし、**それでは栄養が大幅に不足してしまうのです。食事、とくに朝食は抜かず、しっかり食べることが大切です。**

昼食となる給食は、栄養管理士がその時期の中学生（高校生）に必要な栄養素を計算して作っています。そしてそれは、盛られた料理すべてを食べることを前提に計算されています。せっかく、栄養素がバランスよく食べられる機会なのですから、残さず食べるようにしましょう。

決められた時間に食事を摂ることは、体のリズムを作る上で、とても大切なことです。昼食は、学校で決められた時間に食べることになりますので、普段通りで問題ありません。夕食は、できることなら外食ではなく、自宅で食べたいところです。

外食の場合、とくに成長期ですと、ついファストフードや脂っこいものに目がいきがちです。これでは、栄養が偏ってしまいます。さらに、高カロリーで高脂肪のものが多く、体にはよくありません。もし、帰宅**までの間に空腹で外食したいというときには、例えば立ち食いそばやおにぎりなどの、和食の軽食を摂るのがベストです。**

PART 5

一緒にスキルアップ監督・キャプテンと取り組もう!

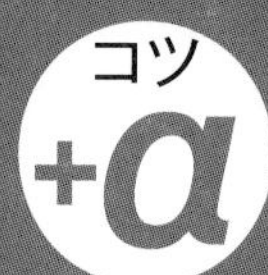

PART 5

成長期の選手の栄養学②

コツ +α

タンパク質と糖質を意識して摂る

タンパク質

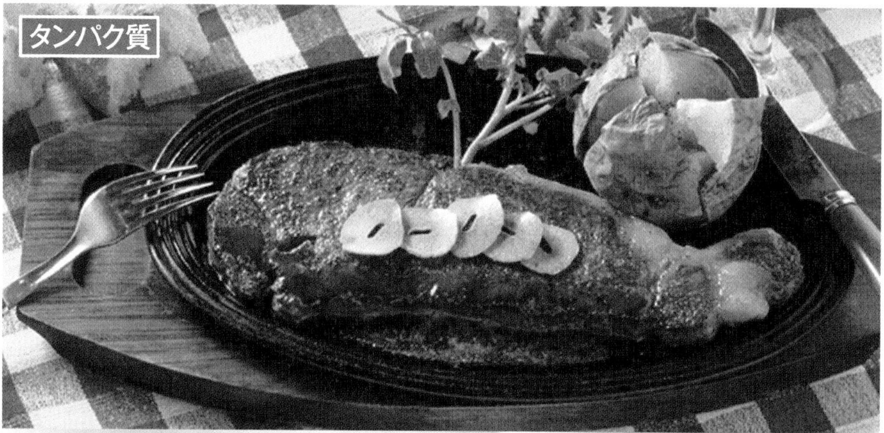

糖質

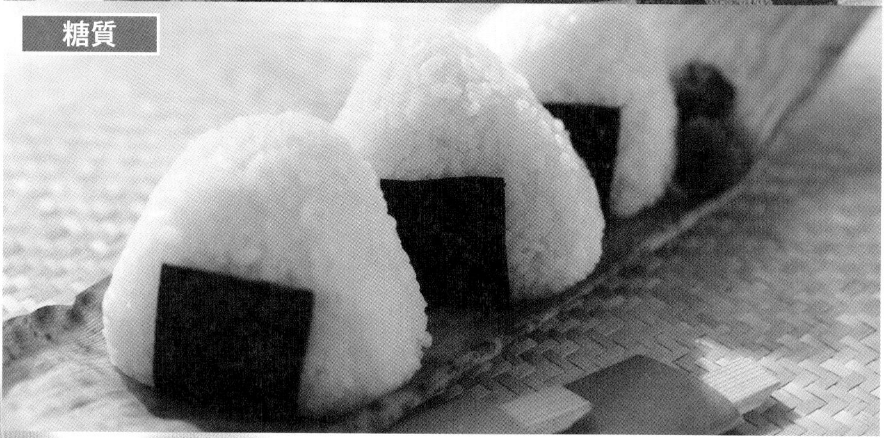

タンパク質と糖質はスポーツ選手に欠かせない

成長期に限らず、人間のエネルギー源となる栄養素は、「タンパク質」と「脂質」「糖質（炭水化物）」「ビタミン」「ミネラル」などです。中でも、「タンパク質」と「糖質」は非常に重要な栄養素です。

タンパク質とは、人間の体を作る栄養素。筋肉や皮膚、髪の毛や臓器など、人間の体の多くがタンパク質を使って作られます。よくスポーツドリンクなどに記載されている「アミノ酸」は、タンパク質が分解されて、体に取り込むことができる状態になったものを指します。

また、筋肉を増強させる目的で摂る「プロテイン」もタンパク質です。タンパク質は、主に肉類、魚類、大豆・豆類、乳製品に含まれます。

漫然と食事を摂っていると、タンパク質や糖質不足になりかねません。例えば間食する際には、フライドポテトよりは焼き芋を食べるなど、意識的に変更していくことからはじめましょう。

Check Point!

●スポーツ選手として必要な栄養を摂取する

糖質は、炭水化物ともいわれます。おもにご飯やパン、めん類、いも類などの、いわゆる主食に含まれる栄養素です。

運動をするうえで使われるエネルギーの多くがこの糖質です。そのため、運動選手にとっては、なくてはならない栄養素ともいえます。糖質が不足すると、体が思ったように動かなくなるといっても過言ではありません。自分が食べている食材にどのような栄養素が含まれているか意識しましょう。

PART 5

成長期の選手の栄養学③

コツ +α

水分補給を怠らず 質の高い睡眠をとる

Check Point!

●水分補給と睡眠でコンディションを維持する

練習に熱が入ってしまうと、ついつい水分不足に陥りがち。しっかりと水分補給をとり、コンディションを維持しましょう。また質の高い睡眠も試合や練習で疲れた体を休め、食事で摂った栄養を筋肉や骨に変えていくためにも重要な要素。

栄養バランスを考えた食事はもちろん、水分補給もしっかりと。

練習中はこまめに水分補給をする

練習中に水を飲めないスパルタな手法が行われていましたが、現在では通用しません。

むしろ、水分をしっかりと補給することが大切だと考えられています。**体内の水分が不足すると、運動能力が低下してしまいます。練習中には、水分補給を怠らず、こまめに補給することを心がけましょう。**
とくに夏場の水分不足は、熱中症の原因になります。湿度が高いと体温があがりやすくなるのです。予防には、ナトリウム（塩分）の入ったスポーツドリンクがおすすめ。

また睡眠も成長期の選手にとっては非常に大切なこと。常に寝不足では、力が出ないどころか、成長にも大きな弊害が出ます。寝ている間に出る成長ホルモンが体を作る上で非常に重要となるからです。

ケガの予防と対処法①

コツ +α

運動前のストレッチでケガを防止する

バドミントンに限らず、運動をするうえで、ウォーミングアップやクールダウンはケガ予防として非常に重要です。練習や試合の前後に必ずストレッチを行い、ケガをしない体づくりをしていきましょう。

Check Point!

●ウォームアップでケガを防止し、クールダウンで疲労を軽減

練習前後にストレッチを欠かさず、体のメンテナンスをしよう。

目的別にストレッチを取り入れる

バドミントンは大きく足を前後に開き、シャトルを打つ動作が多いため、とくに股関節やヒザを痛めやすいといわれています。

ウォーミングアップでは、股関節とヒザをつなぐ「大腿四頭筋」のストレッチが重要です。

ストレッチはこの部位に限らず、全身をくまなく行うのがベストですが、バドミントン選手の場合は、肩やヒザ、ヒジ周りなど、とくに使う部位を入念に行います。

また、練習後のクールダウンストレッチも大切です。使った筋肉をそのままにしておけば筋肉が硬くなり、疲労がたまりやすくなります。試合が続く場合には、試合ごとにストレッチを行い、ウォームアップとクールダウンを取り入れましょう。

PART 5

ケガの予防と対処法②

自重系のトレーニングで筋力をアップする

バドミントンのラケットをスイングして速いシャトルを打つためには、力強いスピードと筋力が必要です。しかし成長期においては体幹となる筋肉を鍛え、体のベースとなる部分を強くすることが求められます。

Check Point!

●自重系の筋力トレーニングで成長期の体をつくる

自重系トレーニングとストレッチでケガの率はかなり減る。

体幹の筋肉を鍛えてフォームを正しく維持する

中高生の成長期の生徒の場合は、プロの選手たちがするような、本格的な機械を使ったウエイトトレーニングは必要ありません。まだ、骨が固まっておらず、そこまでの筋肉を意識的につける必要がないからです。

とはいえ、まったく筋肉がなければ、ケガの心配も出てきます。**そのために自分の体重を負荷にした自重系トレーニングで、**腹筋運動や背筋、腕立て伏せ、スクワッドなどを行いましょう。しっかり体幹の筋肉にアプローチすることができれば、体の軸となる筋肉を鍛えることでバランスを整えることができます。

また、ケガをしやすい肩などのインナーマッスルは、軽いペットボトルなどを持って肩の内部にある筋肉に働きかけます。

PART 5 コツ+α

ケガの予防と対処法③
素早い対応で選手のケガを見逃さない

ケガは選手にとっては、一番嫌な思い出になります。とくに成長期の選手にとっては、大きな挫折と苦しみを伴います。ケガをしないよう指導することもまた、部活では大切な要素の一つです。

指導者がケガの状況を把握する

練習後に筋肉の痛みを感じるような場合には、アイシングが効果的です。もちろん、激しい痛みはすぐに病院に行き、診療を受けることが大切です。指導者としては、選手の痛みを見逃さず、素早い対応を心がけ、大きなケガになる前に未然に防げるよう注意を払いましょう。

大きなケガとしては、アキレス腱断裂があげられます。踏み込み動作やジャンプの着地などでアキレス腱が伸びる動きを何度も繰り返し、負担がかかるのです。

ヒザの関節炎やヒジ関節炎、肩関節脱臼があげられます。また、腱鞘炎や足首のねんざも多くみられます。

関節炎や腱鞘炎のように、慢性的なものはとくに、ストレッチや筋肉トレーニングで予防することができます。ねんざはアイシングやテーピングなどで炎症を最小限に抑えることがポイントです。

アキレス腱は重大なケガにつながりやすいため、入念にストレッチしたい。

Check Point!

●痛みが激しい場合は、無理せず病院に行く

おわりに

今回の本では、私自身の考えを交え、部活動という点に焦点をおいた作りにしました。

とはいえ、部活動での考え方だけでなく、基本の技術も少なからず紹介し、またそれが皆さんの役に立つことを願っております。

とくに中高生の時期は、基本をマスターすることが大切です。それをしてこそ、次の段階に進め、また上達が早まるのです。

バドミントンは老若男女楽しめるスポーツです。学生のみなさんも、競技としてのみならず、末永く楽しむことができることを祈っております。

名倉康弘

撮影協力／**埼玉栄中学校・埼玉栄高等学校**
バドミントン部

〒331-0078
埼玉県さいたま市西区西大宮3丁目11番地1
中学校：TEL 048-621-2121
高等学校：TEL 048-624-6488

https://www.saitamasakae-h.ed.jp/

部活で差がつく！
勝つバドミントン　最強のコツ50　新版

2021年5月20日　第1版・第1刷発行

監修者　名倉康弘（なぐら やすひろ）
発行者　株式会社メイツユニバーサルコンテンツ
代表者　三渡　治
〒102-0093 東京都千代田区平河町一丁目1-8
印　刷　株式会社 厚徳社

●定価はカバーに表示してあります。
©ギグ,2017,2021.ISBN978-4-7804-2471-3 C2075 Printed in Japan.

ご意見・ご感想はホームページから承っております。
ウェブサイト　https://www.mates-publishing.co.jp/

編集長：折居かおる　副編集長：堀明研斗　企画担当：大羽孝志／千代　寧

※本書は2017年発行の『部活で差がつく！勝つバドミントン　最強のコツ50』を「新版」として発売するにあたり、内容を確認し一部必要な修正を行ったものです。